蔣經國大事日記
（1973）

Daily Records of Chiang Ching-kuo, 1973

民國日記｜總序

呂芳上
民國歷史文化學社社長

　　人是歷史的主體，人性是歷史的內涵。「人事有代謝，往來成古今」（孟浩然），瞭解活生生的「人」，才較能掌握歷史的真相；愈是貼近「人性」的思考，才愈能體會歷史的本質。近代歷史的特色之一是資料閎富而駁雜，由當事人主導、製作而形成的資料，以自傳、回憶錄、口述訪問、函札及日記最為重要，其中日記的完成最即時，描述較能顯現內在的幽微，最受史家重視。

　　日記本是個人記述每天所見聞、所感思、所作為有選擇的紀錄，雖不必能反映史事整體或各個部分的所有細節，但可以掌握史實發展的一定脈絡。尤其個人日記一方面透露個人單獨親歷之事，補足歷史原貌的闕漏；一方面個人隨時勢變化呈現出不同的心路歷程，對同一史事發為不同的看法和感受，往往會豐富了歷史內容。

　　中國從宋代以後，開始有更多的讀書人有寫日記的習慣，到近代更是蔚然成風，於是利用日記史料作歷

史研究成了近代史學的一大特色。本來不同的史料，各有不同的性質，日記記述形式不一，有的像流水帳，有的生動引人。日記的共同主要特質是自我（self）與私密（privacy），史家是史事的「局外人」，不只注意史實的追尋，更有興趣瞭解歷史如何被體驗和講述，這時對「局內人」所思、所行的掌握和體會，日記便成了十分關鍵的材料。傾聽歷史的聲音，重要的是能聽到「原音」，而非「變音」，日記應屬原音，故價值高。1970年代，在後現代理論影響下，檢驗史料的潛在偏見，成為時尚。論者以為即使親筆日記、函札，亦不必全屬真實。實者，日記記錄可能有偏差，一來自時代政治與社會的制約和氛圍，有清一代文網太密，使讀書人有口難言，或心中自我約束太過。顏李學派李塨死前日記每月後書寫「小心翼翼，俱以終始」八字，心所謂為危，這樣的日記記錄，難暢所欲言，可以想見。二來自人性的弱點，除了「記主」可能自我「美化拔高」之外，主觀、偏私、急功好利、現實等，有意無心的記述或失實、或迴避，例如「胡適日記」於關鍵時刻，不無避實就虛，語焉不詳之處；「閻錫山日記」滿口禮義道德，使用價值略幾近於零，難免令人失望。三來自旁人過度用心的整理、剪裁、甚至「消音」，如「陳誠日記」、「胡宗南日記」，均不免有斧鑿痕跡，不論立意多麼良善，都會是史學研究上難以彌補的損失。史料之於歷史研究，一如「盡信書不如無書」的話語，對證、勘比是個基本功。或謂使用材料多方查證，有如老吏斷獄、法官斷案，取證求其多，追根究柢求其細，庶幾還原

案貌，以證據下法理註腳，盡力讓歷史真相水落可石出。是故不同史料對同一史事，記述會有異同，同者互證，異者互勘，於是能逼近史實。而勘比、互證之中，以日記比證日記，或以他人日記，證人物所思所行，亦不失為一良法。

從日記的內容、特質看，研究日記的學者鄒振環，曾將日記概分為記事備忘、工作、學術考據、宗教人生、游歷探險、使行、志感抒情、文藝、戰難、科學、家庭婦女、學生、囚亡、外人在華日記等十四種。事實上，多半的日記是複合型的，柳貽徵說：「國史有日歷，私家有日記，一也。日歷詳一國之事，舉其大而略其細；日記則洪纖必包，無定格，而一身、一家、一地、一國之真史具焉，讀之視日歷有味，且有補於史學。」近代人物如胡適、吳宓、顧頡剛的大部頭日記，大約可被歸為「學人日記」，余英時翻讀《顧頡剛日記》後說，藉日記以窺測顧的內心世界，發現其事業心竟在求知慾上，1930 年代後，顧更接近的是流轉於學、政、商三界的「社會活動家」，在謹厚恂恂君子後邊，還擁有激盪以至浪漫的情感世界。於是活生生多面向的人，因此呈現出來，日記的作用可見。

晚清民國，相對於昔時，是日記留存、出版較多的時期，這可能與識字率提升、媒體、出版事業發達相關。過去日記的面世，撰著人多半是時代舞台上的要角，他們的言行、舉動，動見觀瞻，當然不容小覷。但，相對的芸芸眾生，識字或不識字的「小人物」們，在正史中往往是無名英雄，甚至於是「失蹤者」，他們

如何參與近代國家的構建，如何共同締造新社會，不應該被埋沒、被忽略。近代中國中西交會、內外戰事頻仍，傳統走向現代，社會矛盾叢生，如何豐富歷史內涵，需要傾聽社會各階層的「原聲」來補足，更寬闊的歷史視野，需要眾人的紀錄來拓展。開放檔案，公布公家、私人資料，這是近代史學界的迫切期待，也是「民國歷史文化學社」大力倡議出版日記叢書的緣由。

蔣經國大事日記　導言

呂芳上

民國歷史文化學社社長

中央研究院近代史研究所兼任研究員

一、

　　許多人多注意到年輕一代的新新人類，多半要掌握的是立即、當下，要捕捉的是能看得見、聽得到、抓得住的事事物物，視芸芸之人眾生平等，不把「大咖」人物看在眼裡，昨天的事早早忘卻，明天和過去的歷史，更屬虛無又飄渺。即使對一般人，說美國總統川普（Donald Trump），很多人或還記得，談歐巴馬（Barack Obama），即已印象模糊。老蔣、老毛何許人也？知其名未必悉其實，小蔣（經國）、老鄧（小平）印象就沒那麼深刻。在臺灣，坊間對蔣經國評價不一，民間有人把「蔣經國」以臺語諧音說成「酒精國」，雖屬戲謔之語，反見親切。這時代，有人這麼說：一轉身，光明黑暗都成故事；一回眸，歲月已成風景。不過，尋根是人類本性，我們走過「從前」，要說從歷史中尋求如何面對當今問題的智慧，可能太抽象，但問那個時代、那個人物，留下什麼樣足跡？有過何等影響？還是會引發人們找尋歷史源頭的興味的。

　　近代中國歷史堪稱曲折，世界走入中國，用的是兵艦、巨砲，中國走向世界，充滿詭譎與恫嚇。於是時代

蔣經國大事日記（1973）
Daily Records of Chiang Ching-kuo, 1973

的歷史靠著領導者帶著一群菁英，以無比信心、堅韌
生命力與靈妙的模仿力和創造力，共同形塑，造成了
「今日」。

　　在歷史往復徘徊中，往往出現能打開出路的引領
人。這些有頭、有臉的人物，他們數十年一夢的人生事
跡，對天地悠悠之久，雖也一幌即過，但確實活在歷
史。最怕的是當代、後世好事者，可能為這些人塗脂抹
粉、加料泡製、打磨夯實、描摹包裝、強力推銷，變成
「聖賢」或「惡魔」，弄得歷史人物不成「人」形。

　　生前飽受公議的政治人物，過世之後也得接受歷史
的公評，這是無庸置疑。但論孫文只說他為目的不擇手
段、評蔣介石說是獨裁無膽、硬把毛澤東功過三七開，
都犯了簡化歷史的毛病；論歷史的事情，既不是痛快
的一句話可以了結，月旦歷史人物，更不該盲目恭維或
肆意漫罵可以了事。歷史人物的品評，需要多樣資料佐
證，於是上窮碧落下黃泉所得的「東西」，不能不說當
下、即時的紀錄材料，最不能疏忽。這套《蔣經國大事
日記》，作為民國、臺灣歷史人物蔣經國及其時代研究
的基礎，當之無愧。

二、

　　蔣經國生於 1910 年，1988 年過世。美國史家史萊
辛格（Arthur Schlesinger Jr.）說，二十世紀是一個混亂
的世紀，充滿了憤怒、血腥、殘酷；也充滿了勇敢、希
望與夢想。蔣經國的一生起伏跌宕夾雜著這些特色。他
幼年讀書不算多，1925 年十六歲正當人格成型之際，

被送到冰天雪地的俄國。那段時間，正是史達林掌權清算鬥爭激烈時期，對他來說想必印象深刻，影響一生。西安事變後抗日開戰前（1937 年 3 月），帶著俄國妻子返國，先在家鄉溪口讀書，其後在江西保安處、贛南專區當行政督察專員，過著中層公務員的生活，並依父命師從徐道鄰、汪日章等人，接受經典洗禮，對傳統文化進行「補課」，也零星通曉西方民主、法治觀念，思想因此有進境，難免蕪雜。抗戰時期往來大後方，除了在贛南有一批從龍之士外，在重慶擔任三青團幹校教育長，有了幹校人脈，加上後來在臺組建青年反共救國團，這幾批人無形中成了他後來的政治班底。

蔣經國真正的政治事業是 1950 年代在臺灣開始的，1950 到 1960 年代蔣介石忙於黨的改造、政治革新，積極準備「反攻復國」，至於情治系統、國安、國軍政工事務多交經國負責，這一時期，國外媒體甚至形容他為「神秘人物」。到 1970 年代聯合國席位不保，中日、中美先後斷交，國家處境逆轉，大約此時統理國家的權力也集中到經國身上，威權政治開始有軟化跡象。不過直到1980 年代中期之後，已深切感受時代在變，環境在變，潮流也不能不變。1986 年 9 月，集大權於一身的經國總統容忍「民主進步黨」成立，等於開放黨禁；10 月中旬決定「解嚴」，次年 7 月 15 日正式實施；接著解除報禁、開放港澳觀光，10 月 15 日准許老兵返大陸探親，民主化邁步向前，對長期威權統治下的臺灣而言，不啻一場寧靜革命。當年擔任總統副手的李登輝，後來在《訪談錄》中，很平實的說了這麼一段

話：「大家講李登輝執政十二年民主改革等等，老實
講，如果這三年八個月中沒有他（蔣經國）在政策上的
變化，我後來的十二年是做不了什麼事的。」

　　同一時期，蔣經國大量起用臺灣省籍菁英，尤其
1972 年出任行政院長後，培養省籍人士不遺餘力，
1984 年在謝東閔副總統之後，提名年輕得多的李登輝
繼之，以當時蔣經國的身體條件和年齡，視為是接班人
選，十分明顯。在行政院長及總統任職期間，蔣經國不
斷走入民間、結交民間友人，1987 年又說出「我也是
臺灣人」的話語，姑不論是否為政治語言，政權本土化
的意味很濃，行動上則多少帶點「蘇俄經驗」味道。

　　1970 年代，國際逆流橫生之外，國內政治異議聲
浪頻起，反對勢力運動勃發，規模不斷擴大，手段益趨
激烈，當時臺灣幾乎有人心惶惶之感。這期間，1973
年及 1979 年碰到兩次石油危機、國際金融風暴。幸賴
十大建設、六年經建計畫等的財經擘劃，安然渡過危
局，「臺灣奇蹟」的締造，蔣經國與有功焉。長時間陪
侍兩蔣身邊的御醫熊丸說，小蔣極為儉樸，樂與民眾接
近，但城府深、表裡不一，恩威難測，並非好相處的朋
友；已過世、有點不合時宜，與經國交過手的財經專家
王作榮，佩服蔣與巨商大賈保持距離，但也直說，蔣經
國是俄國史達林文化與中國包青天文化的混合產物。顯
示這位國家領導人多面向的行事與風格，仍大可有進一
步研究的空間。

三、

　　1972 年 6 月，62 歲的蔣經國出任行政院長，實質掌理國政。其後 1978 年膺選為中華民國第六任總統，1984 年連任為第七任總統，不幸任期未滿的 1988 年 1 月 13 日辭世，那年他 78 歲。他一生最後的十六年，可說盡瘁國政，奉獻全部心力於臺灣這塊土地。這位關鍵人物在關鍵時期的政府治理成績斐然，此段時間正是臺灣政治、社會的重要轉型期。這十六年的政府政績即使不稱為「經國之治」，說它是臺灣的「蔣經國時代」，絕不為過。

　　這套《蔣經國大事日記》，涵蓋「蔣經國時代」的十六年，起於 1972 年 5 月 20 日出任行政院長，迄於 1988 年 1 月 30 月奉安大溪止，每日行程幾乎均有如實紀錄。嚴格說這是蔣經國行政院長和兩任總統的行政大事記，原係庋藏於國史館蔣經國忠勤檔案中的一種。原作毛筆、鋼筆文件應出諸經國總統秘書之手，察其所錄，很有總統日常行政實錄意涵。每日記載內容主要為蔣經國擔任院長、總統期間之行止、接見賓客、上山下海巡訪各地，重要會議要點（包括行政院院會、國民黨中常會、中央全會、總統府財經會談、軍事會談）、重要文告、年節談話內容等，大自內政上十項建設的推動，持續三十八年之久的戒嚴宣告解除，反共反獨的宣示，對中共三不（不接觸、不談判、不妥協）政策誓言；國際關係上中日、中美斷交，克來恩（Ray S. Cline）與韓、越「情報外交」，李光耀頻頻秘密來臺的臺新（新加坡）交誼，小至中學生給蔣經國「院長精

神不死」的謝卡小故事，有嚴肅的一面，也見人性幽默
的一環。《蔣經國大事日記》如能與蔣經國個人日記搭
配，「公」「私」資料，參照互比，將更能清楚見其行
事軌跡與作為。故而日記固可補《蔣經國大事日記》之
不足（蔣經國日記起於 1937 年 5 月，記至 1979 年 12
月 30 日因視力惡化中止），《蔣經國大事日記》亦正
足彌補日記之空闕。故此一資料，當屬研究「蔣經國時
代」不可或缺的寶貴史料。

四、

　這套書記錄 1972 至 1988 年中華民國的國家領導
人行政大事，雖簡要，但不失為「蔣學」研究的重要工
具書。

　本來歷史學的研究與編纂，就有「年代學」
（Chronology），是以確定歷史事件發生時間的科學，
從古代中國《春秋》、《竹書紀年》，到近人郭廷以的
《近代史國史事日誌》、《中華民國史事日誌》等，都
屬之。這套書一如晉杜預的〈春秋左氏傳序〉所言：
「記事者，以事繫日，以日繫月，以月繫時，以時繫
年，所以紀遠近，別同異也。故史之所記，必表年以首
事。」本書所記，甚至細至以時繫分，明確事件發生時
間，提供歷史發展線索，大可作為歷史研究的基礎。對
當代民國史、臺灣史研究而言，資料之珍貴，實無過
於此。

編輯凡例

一、 本書依照「蔣經國大事日記略稿」編輯，依日期
　　 排列。

二、 為便利閱讀，部分罕用字、簡字、通同字，在不
　　 影響文意下，改以現行字標示，恕不一一標注。

三、 附件及補充資料以標楷體呈現，部分新聞報導之
　　 附件不收錄。

目錄

中華民國 62 年（1973 年）

1 月 1 日　星期一
上午

九時，參加中央黨部團拜。

十時，參加中樞慶祝中華民國六十二年開國紀念典禮暨元旦團拜。

1 月 2 日　星期二
【無記載】

1 月 3 日　星期三
上午

八時四十分，主持行政院團拜，勉勵全體同仁以最大努力，克服一切困難，使國家獲得更大進步，為國民謀取更多福利。

九時三十分，出席中常會。

下午

一時三十分，至松山機場歡送嚴副總統赴美國訪問。

1 月 4 日　星期四
上午

九時，主持行政院院會，提示：

對於未來局勢的演變，絕不能掉以輕心。要以大無畏的精神，正視一切橫逆；以埋頭苦幹的決心，努力工作，

充實力量，扭轉形勢。在努力工作方面，要注意「觀念」與「方法」的重要，「理論」與「行動」的配合；在決定工作計畫和行動的時候，必須顧到平實、具體、確實、迅速四個要求；人事方面，要加強中堅幹部的組織、訓練，不講人情論關係，發揚團隊精神，以整體榮譽為重；在工作重點方面，一定要把握住經建兩大目標——增進全體國民的生活，縮短貧富間的差距。希望全體行政工作人員以任勞任怨、任謗和盡心盡力、盡責的精神，向上發展，往下紮根，把國家實實在在的建設在磐石之上。

1月5日　星期五
上午
九時起，分別接見錢思亮、蔣彥士等。

下午
四時三十分起，分別接見瓜地馬拉駐華大使何瑞達、菲律賓駐華大使雅默士、哥斯達黎加駐華大使桑傑士、加彭駐華大使安戈美米索、約旦駐華大使比耳貝西等。
分別函勉高雄區農業改良場場長、鳳山熱帶園藝試驗分所所長及兩單位全體員工。

1月6日　星期六
上午
九時起，分別接見交通、財政兩部部次長高玉樹、李國鼎等人。

十一時，與即調防之憲兵連官兵合影，並共進午餐。

1月7日　星期日
【無記載】

1月8日　星期一
上午
八時三十分，接見美國企業服務團霍普金克勞福。
九時起，分別接見經濟部、內政部、司法行政部部次長孫運璿、林金生、王任遠等。

下午
四時三十分起，分別接見多明尼加駐華大使賈瑪瑞、巴拿馬駐華大使賈理、委內瑞拉駐華大使奚博海、越南駐華代辦阮文矯。
五時三十分，接見韓國文化放送株式會社會長崔錫采。

1月9日　星期二
上午
九時，聽取國際貿易局簡報。
十時三十分，聽取工業局簡報。

下午
四時三十分，聽取臺北市政府業務簡報。

1月10日　星期三

上午

八時，在中央黨部晤見張寶樹等四位。

九時，出席中常會。

下午

三時，主持經濟合作委員會委員會議，提示：

此次政府撥出美金四億元，供進口重要物資、工業原料及生產設備之用，貸款利率要低，手續要簡化，並應特別注意國內物價的安定及拓展外銷。

1月11日　星期四

上午

八時三十分，接見阿根廷國家情報部副部長賴吉安。

九時，主持行政院院會，提示：

國際鋼鐵價格上漲，影響我國經建及物價穩定，宜速研究對策。軍公機關所報廢之廢鐵，可統籌運用。目前國內鋼鐵銷貨價格與協議掛牌價格頗有差距，發票所開價格與實際成交價格亦不一致，應作合理調整，不容不肖商人乘機謀求非份之利，破壞市場安定。

十一時，接見中央銀行處（局）長以上人員。

中午

十二時二十分，在松山機場迎接嚴副總統訪美返國。

下午

四時起，分別接見哥倫比亞駐華代辦謝溫特、巴西駐華代辦賓內若、西班牙駐華代辦戴拉瓜地亞、烏拉圭駐華代辦布俠東、沙烏地阿拉伯駐華代辦達巴格、中非駐華代辦貝隆、教廷駐華代辦高樂天。

1 月 12 日　星期五

上午

九時，接見立法委員黃通等五位。

十時三十分，接見胡故上將宗南夫人等三人。

十時五十分，拜會嚴副總統。

十一時四十五分，在國父紀念館與新當選之黨籍增額國大代表、立法委員、臺灣省議員、縣市長一百多人共進午餐，勉勵為民服務，實踐競選諾言。

下午

四時三十分，以茶會招待各金融事業主持人，慰勉他們對政府政策之支持協助，並希望在資金融通手續方面，再予簡化，以便利民間業者，俾促進經濟更加快速成長。

1 月 13 日　星期六

上午

十時，主持國防會談。

1月14日　星期日
【無記載】

1月15日　星期一
上午

七時三十分，赴泰山憑弔陳故副總統。

八時三十分，接見美國工商企業界訪華團。

1月16日　星期二
上午

九時，接見臺灣電力公司協理顧文魁。

1月17日　星期三
【無記載】

1月18日　星期四
上午

八時，約俞國華等共進早餐。

九時，主持行政院院會。

十一時，在國軍退除役官兵輔導會年終檢討會上致詞，嘉慰榮民對國家之卓越貢獻，勉勵體念國家困難，做到任勞耐苦，並更進一步盡心盡力，照顧榮民。

下午

四時三十分，接受合眾國際社亞洲區總經理斐奇樂之訪問，強調建設臺灣、光復大陸為我既定目標，始終不

變。惟有三民主義，才切合中國需要。我政府絕不與共
匪談判，倘敢來犯，我有必勝把握。

1月19日　星期五
上午

九時二十六分，在中興新村縣市長當選人座談會上講
話，勉勵他們要向下紮根，做新政的有力推行者，特別
要發揮民眾和政府結合的大團隊精神，高度發掘運用潛
力，開創欣欣向榮的新氣象。之後並和與會人員共進
午餐。

下午

一時起，先後巡視南投縣政府、竹山鎮公所、鹿谷鄉
民眾服務站、鹿谷國中等處，並參觀大山堀水庫及開
山廟。

1月20日　星期六
上午

十時起，分別接見前駐紐西蘭大使夏功權等九人。

1月21日　星期日
【無記載】

1月22日　星期一
上午

七時三十分，參加全國早餐會，勉勵全國各界培養克苦

耐勞習慣，推誠相處，共同奮鬥；抱新希望，達成新任務。

九時三十分，參觀工業展覽會，勉勵業者努力生產，開拓內外銷市場。

十時四十四分，在松山機場迎接東加王國總理杜培勒哈克親王訪華。

下午

三時三十分，接見東加王國總理杜培勒哈克親王。

四時三十分，接見參加自由日大會各國代表。

六時，參加歡迎東加王國總理杜培勒哈克親王酒會。

1月23日　星期二

上午

九時，聽取國營事業投資簡報。

十一時，接見美國柯普禮報系副總裁克魯立克。

1月24日　星期三

上午

九時，出席中常會。

下午

二時，赴松山機場送嚴副總統以特使身份赴美參加美國故總統詹森之葬禮。

四時三十分，以茶會招待各大學校長，期望學術界與政府加強合作，以求理論與實踐的結合。

五時三十分，接見臺灣電力公司總經理陳蘭皋等三人。

1 月 25 日　星期四
上午

八時三十分，接見旅美僑領李惠弼。

九時，主持行政院院會，提示：

一、要貫徹十大革新措施，對違反政令者，嚴辦。

二、制定政策時，要使學術與行政相結合，理論與實踐
　　相印證。

三、農工漁林業研究發展工作，必須重視。

四、要注意物價的上漲，不能使之妨礙到經濟發展和社
　　會安定。

十一時，接見國防部部長陳大慶。

十一時五十四分，赴美軍顧問團教堂，參加美國前故總
統詹森之追思禮拜。

下午

四時，以茶會招待工商界人士，勉勵工商界克勤克儉，
開拓新路，共同努力完成第六期經建任務。

五時三十分，接見經濟部部長孫運璿等。

1 月 26 日　星期五
上午

九時，接見美國駐華大使馬康衛，就越南停戰後東南亞
局勢發展，交換意見。

下午

四時，以茶會招待國民學校校長，慰勉以真心、愛心和
耐心，奠定國民教育的基礎。

五時三十分，接見外交部部長沈昌煥等。

1月27日　星期六

下午

四時，以茶會招待中等學校校長，慰勉著重青年愛國教
育，使能知、能新、能行。

六時，參加情治幹部餐會。

1月28日　星期日

【無記載】

1月29日　星期一

上午

九時，接見美國大陸銀行董事長葛雷漢。

九時三十分，接見美國駐華大使館經濟參事莫偉禮。

十時，接見青年戰士報各級主管人員。

下午

三時，參加中央評議委員、中央委員座談會。

1月30日　星期二

下午

四時○二分，赴榮星花園參加新聞記者園遊會，暢談為

民謀國心願。

1月31日　星期三
上午

八時，巡視新竹經濟部聯合工業研究所、同位素館工藝研究中心及食品工業發展中心，並聽取簡報。

十時十三分起，分別巡視國立交通大學、國立清華大學，並與國立清華大學教授、學生代表共進午餐嘉勉發揮團隊精神，做好科學研究工作。

2月1日　星期四

上午

八時五十六分，參加臺灣省第五屆省議員就職典禮，勉勵議員們正心、誠意，明是非、辨善惡，講老百姓要講的話。

九時四十分，巡視成功嶺參加寒訓大專學生，訓勉不要忘記青年應負的責任，即在光復大陸、解救同胞。

十一時十分，與新任第五屆省議員舉行座談、合影，並共進午餐。

中午

十二時〇五分，巡視霧峰及臺中市政府，旋即飛返臺北。

2月2日　星期五

凌晨

零時〇三分，赴松山機場迎接嚴副總統自美返國。

上午

八時，在行政院接待室以早餐招待國防部部長陳大慶、參軍長高魁元、參謀總長賴名湯暨三軍總司令等高級將領，代表總統慰勉三軍將士一年來堅苦奮鬥、冒險犯難，完成了各項任務之辛勞；並望繼續鍛練，使國軍更為堅強精壯，成為三民主義現代化的部隊，保衛臺澎金馬，待命反攻大陸。

九時，接見第一軍團司令郝柏村等三人。

中午

十二時二十分，巡視衛戍師師部。

發表農曆除夕談話，祝大家平安幸福，勉在堅苦困難中，奮發圖強，在總統領導下，必能達成光復大陸使命。

農曆除夕談話

親愛的朋友們：

明天是正月初一，經國以愉快和興奮的心情，向大家拜年，賀春節。新年象徵朝氣、活潑、希望和光明，這幾天在各地方能夠親自看到男女老幼都在歡欣快樂的氣氛之中準備過春節，處處都有一片欣欣向榮的氣象，這是民眾和政府精誠合作，以及軍民一家，朝著共同的目標，作共同努力的一個收穫。

經國自從擔任行政院院長的職務以來，深深的感覺到還有許許多多應當做的事沒有做，也沒有做好，所以經國自己可以說是對國家、對同胞負了一筆很大的精神債務在過今天的這一年。不過，相信我們的政府只要能夠得到大家的支持和合作，必定能夠做好我們大家所要做好的工作，達成我們大家所要達成的任務。

在未來的歲月之中，我們的國家還會遭遇到很多的困難和衝擊，但是只要我們有信心，有決心，肯奮鬥，肯努力，越是在險惡的環境之中，越是能夠沉著冷靜；越是在艱苦困難之中，越是能夠奮發圖強，在總統的領導之下，就一定能夠達成拯救大陸同胞，光復大陸河山，反共復國歷史性的重大使命。經國以最誠懇的心來

祝賀大家，家家平安，人人幸福，讓我們為光明的明天
來作最大的努力。

2月3日　星期六　農曆癸丑年元旦
上午

八時起，分別赴嚴副總統、陳立夫先生、孫科院長、張
羣資政、陳果夫夫人及蔣緯國公館拜年。

2月4日　星期日
上午

八時二十分，啟程飛往金門。

九時五十五分，在金門擎天峯接見金門防衛部參謀長以
上人員。

下午

三時，巡視古崗樓並與冬令營大專青年談話、合影。

四時，巡視金門農會，參觀農產品展覽會場。

四時三十分，巡視金門中學，與冬令營大專青年合影。

2月5日　星期一
上午

七時三十分，與金門防衛部師長以上人員共進早餐，聽
取簡報並致詞慰勉；隨後並接見美軍顧問團人員。

十時，巡視金門農場、牧場及附近反空降堡與林務所。

十時五十五分，巡視九十二師防務，並與官兵共進早餐。

下午

一時三十分，飛返臺北。

2 月 6 日　星期二

【無記載】

2 月 7 日　星期三

下午

三時，主持經濟合作委員會委員會議。

2 月 8 日　星期四

上午

九時，主持行政院院會，提示：

一、希望全體同仁，一心一德，和衷共濟。

二、在政治、外交、軍事、經濟各方面，應有萬全部
　　署，以「自力更生、突破圍困、穩紮穩打、死裡求
　　生」，作為共同努力奮鬥的方向。

三、穩定物價，安定社會。

四、提高役男體位標準，精壯部隊。

五、辦好縣市議員及鄉鎮長選舉，奠定地方自治基礎。

六、與立法院密切配合，創造更大成就。

2 月 9 日　星期五

上午

九時，接見經濟合作委員會主管人員，勉勵加倍努力，
推行經建工作。

十一時，接見中央銀行總裁俞國華等三位。

下午

四時，接見國立臺灣大學教授陳超塵、顏元叔等。

五時三十分，接見巴西中華工商會回國致敬團人員。

2月10日　星期六

上午

八時三十分，接見沙烏地阿拉伯國務大臣兼中央計劃組織總裁納茲爾。

九時，接見國際關係研究所主任杭立武等八人。

晚

十時三十分，由基隆乘衡陽艦赴馬祖。

2月11日　星期日

上午

七時三十分，巡視西引駐軍，並聽取簡報。

八時○七分，巡視東引駐軍，並聽取簡報。

下午

一時二十分，巡視北竿駐軍，並聽取簡報。

三時三十五分，在南竿陽明圖書館聽取簡報，隨後巡視南竿駐軍。

2 月 12 日　星期一
上午

七時三十分，在南竿馬祖防衛部與旅長以上人員共進早餐。

八時五十分，巡視南竿市街。

九時三十分，乘衡陽艦航返基隆。

2 月 13 日　星期二
上午

八時三十分，接見美國企業界訪華團，聽取在華投資意見與建議。

2 月 14 日　星期三
上午

八時，接見中央信託局局長孫義宣、經濟合作委員會顧問王作榮等。

九時，出席中常會。

十一時三十九分，祝賀白雲梯先生壽誕。

2 月 15 日　星期四
上午

九時，主持行政院院會。

十時三十分，聽取改善軍公教待遇簡報。

下午

四時，接見臺大教授戴東雄、張劍寒及外貿協會秘書長

武冠雄等。

六時，接見參加第十七屆愛迪生紀念大會各國代表。

2月16日　星期五

上午

九時起，分別接見立法委員程滄波、谷正鼎、趙珮、程烈、陸京士、郭登敖等。

下午

四時起，分別接見立法委員張志智、仲肇湘、吳延環、張子揚等。

2月17日　星期六

上午

九時起，分別接見立法委員臧元駿、趙自齊、蕭贊育、羅衡等。

2月18日　星期日

【無記載】

2月19日　星期一

下午

三時，參加國家安全會議。

2月20日　星期二

【無記載】

2月21日　星期三
上午

九時，出席中常會。

下午

四時三十分，接見日本京都產業大學教授小谷秀二郎等
四人。

2月22日　星期四
上午

八時三十分，接見美國紐約市副市長莫瑞遜。

九時，主持行政院院會。

下午

五時三十分，在中山堂以茶會款待增額中央民意代表並
致詞祝賀。希望在多難之秋，為國家多盡一點責任，多
作一番貢獻，本著「風雨同舟」、「和衷共濟」的精
神，給予政府支持、合作、督策與鼓勵。同時並指出這
次選舉在憲政史上的重大意義：

一、在世局激盪變化的今日，以無比的毅力與信心，來
　　舉辦選舉，強化民意機構，充分反映政府堅守民主
　　憲政的決心，也象徵政治社會的安定與進步。

二、這次選舉中，已明顯表達了海內外同胞一心一德、
　　團結一致，支持政府反共復國的赤膽與忠忱。

三、由於選舉的順利與成就，羅致了各方傑出人才，擴
　　張了政治力向，使中央民意機構更能發揮預期的

功能。

六時十分，拜會嚴副總統。

2月23日　星期五

上午

九時，列席立法院五十一會期第一次會議，提出施政方針與施政報告，其要點如次：

一、溯流而上，開創新局——民主自由和極權統治絕對對立，共產集團赤化世界的目標不會改變，今日世局的重心仍在亞洲，我們本著堅定不移的反共目標，加強與遠東和東南亞各國的友誼合作，強固國防，鞏固臺澎金馬基地，隨時準備反攻大陸。

二、向上發展，厚植國力——充實高等教育，加強科學研究，積極推動經濟建設，穩定物價，安定社會。

三、向下紮根，造福全民——貫徹實施國民教育制度，實施地方自治，加強地方建設，增進社會福利。

四、健全組織，革新行政——徹底改革公文處理，做到親民便民，嚴懲貪污，整飭政風。

五、操諸在己，成之在己——國家命運是操諸在己，也成之在己，大家團結一致，堅定信念，緊跟著總統的週圍，用紮實的行動，來達成復國建國的願望。

下午

三時，列席立法院會議，答覆質詢。

2月24日　星期六

上午

九時，接見美國歐文銀行董事長華萊士等六人。

九時三十分，接見金融投資訪問團孫義宣等十六人，勉勵在出國期間，應盡量使外國人士了解我國投資環境及經濟發展前途，並使國際企業界人士，對來華投資，有一正確認識。

十一時，訪晤黃秘書長少谷。

十一時三十分，接見哥倫比亞駐華大使龔薩萊斯。

2月25日　星期日

【無記載】

2月26日　星期一

上午

八時三十分，接見參加亞盟執行委員會議各國代表。

九時起，分別接見立法委員馬濟霖、臺大教授譚立平、臺大副教授胡耀恆、政大副教授張潤書等。

十一時，接見泰國駐華大使薩農。

下午

四時，在三軍軍官俱樂部，以茶會款待立法委員，感謝立法院上一會期審議及完成多項重要法案之辛勞；並希望繼續給予行政院督促與指正，使行政、立法兩院之合作，更趨密切。

五時三十分，接見日本華商貿易代表團。

2月27日　星期二

上午

八時三十分，主持部會首長會議。

九時，列席立法院會議。

下午

三時，列席立法院會議，在答覆立法委員質詢中表示：

一、政府特別重視改善沿海漁、塩、農民生活，並盛讚
　　臺灣省農民勤勞儉樸精神，尤其勤於吸收農業新知
　　識、新技術。政府將盡全力協助農民引進新品種、
　　改善生活設備，提高單位面積產量。

二、此次中央民意代表增額選舉，表現了政府與民眾的
　　團結精神，意義極為重大，只要大家團結在一起，
　　國家就有光明的前途。

六時，參加多明尼加國慶酒會。

2月28日　星期三

上午

八時四十五分，主持行政院慶生會。

九時，出席中常會。

3月1日　星期四

上午

八時三十分，主持新任駐史瓦濟蘭王國大使鄭健生宣誓。

九時，主持行政院院會，提示：

一、希望財經機關對如何引導游資流入正當投資，作進一步之研究，以穩定物價。

二、對通勤學生之安全問題，應妥訂辦法，迅付實施。

三、臺電公司應加緊開發電源，以配合各項建設的動力需要。

中午

十二時十五分，訪晤臺灣省政府主席謝東閔。

3月2日　星期五

上午

九時，列席立法院會議。

下午

三時，列席立法院會議，在答覆立法委員質詢時，強調保障軍公教人員生活及維護農業生產者的利益。

3月3日　星期六

上午

九時，主持國防會談。

十時三十分，接見海外增額中央民意代表監察委員李恆

連等六人暨立法委員徐亨等十一人。

3月4日　星期日
【無記載】

3月5日　星期一
上午

七時三十分，赴泰山參加陳故副總統逝世八週年紀念
追悼。

九時，接見立法委員陳顧遠等。

十一時四十分，巡視木柵國立政治大學。

下午

四時三十分，接見美國巡迴大使甘乃迪。

3月6日　星期二
上午

七時，在七海新村以早餐款待美國巡迴大使甘乃迪。

九時，列席立法院會議，並答覆質詢。

下午

三時，列席立法院會議，並答覆質詢。

3月7日　星期三
上午

十時，接見委內瑞拉駐華大使奚博海。

3 月 8 日　星期四

上午

八時三十分，接見中非共和國外交部部長卜篤洛。

九時，主持行政院院會，提示：

一、提出游資過多有關物價問題，請主管機關注意。

二、對立法院全部質詢案件，應加以整理分析，凡能採
　　行的儘快付諸實施；如屬政策性者，配合年度施政
　　方針，列入施政計劃。

三、秘書處速擬定辦法，舉辦講習，以統一各級行政幹
　　部之思想、觀念與做法。

十一時三十分，接見韓國海軍總司令金桂燮上將。

下午

五時，主持情治首長座談。

3 月 9 日　星期五

上午

九時，主持財經會談。

3 月 10 日　星期六

上午

十一時，訪晤黃少谷。

3 月 11 日　星期日

【無記載】

3月12日　星期一
上午

九時，訪晤中央黨部張秘書長寶樹。

下午

五時三十分，接見越南駐華代辦阮文矯。

3月13日　星期二
【無記載】

3月14日　星期三
上午

八時三十分，接見臺灣省政府主席謝東閔、農復會主任
委員沈宗翰、農復會秘書長李崇道、臺灣省農林廳廳長
張訓舜、糧食局局長施石青等。

下午

三時，主持經濟合作委員會委員會議。

3月15日　星期四
上午

九時，主持行政院院會。
十時三十分，聽取臺北地區防洪簡報。

下午

四時，舉行五院院長座談。

3月16日　星期五
上午

七時起，分別訪晤胡璉、陳立夫、葉公超、袁守謙、陳
大慶等。

下午

四時三十分起，分別接見美國海灣石油公司總經理李詹
姆、賴比瑞亞財政部部長陶伯特、新加坡駐華代表葉志
強等。

3月17日　星期六
上午

七時三十五分，祝何應欽將軍壽誕。

八時三十分，接見海外青年寒假返國研習團全體團員。

十時，主持情報局週年紀念會。

十一時，飛赴臺中，巡視中部地區臺灣省第八屆縣市議
員及第七屆鄉、鎮、縣轄市長選舉投票情形，並親切詢
問選民生活狀況，慰問選務人員之辛勞。

3月18日　星期日
上午

九時，由臺灣省政府主席謝東閔陪同，巡視臺西鄉海埔
新生地，慰問開發榮民；並聽取崙豐合作農場簡報。

十時，巡視中部沿海農漁牧綜合示範經營情形，並嘉許
其經營成果，勉農漁民努力增產。

下午

一時，抵雲林縣北港鎮，參觀媽祖廟及花燈、古榕
展覽。

三時四十五分，由嘉義飛返臺北。

3月19日　星期一

上午

八時三十分起，分別接見美國康寧公司榮譽董事長墨
菲、美國飛歌公司董事長羅倫斯、美國進出口銀行董事
長克恩斯、美國艾德蒙公司董事長薩拉古沙等。

十時三十分，赴監察院向新任院長、副院長致賀。

中午

十二時，宴何應欽將軍等。

3月20日　星期二

上午

八時，以早餐款待美國進出口銀行董事長克恩斯等。

九時，列席立法院特別預算會議，說明政府加速農村建
設重要措施特別預算案編製經過，指出此特別預算之總
目標，在改善農民生活，提高農民所得。

下午

四時三十分，接見亞洲中小企業聯盟大會各國首席
代表。

3 月 21 日　星期三

上午

八時，以早餐款待美國康寧公司榮譽董事長墨菲等。

九時，出席中常會。

下午

四時，接見越南教育總長吳克省暨越南芹苴大學校長阮維春等。

3 月 22 日　星期四

上午

九時，主持行政院院會，提示：

一、希望有關機關以積極的計劃和行動，來建立我們自
　　己的工程設計。

二、衛生署應即研究籌設心臟病防治中心。

三、社會革新措施之推行，政府機構要切實領導推行，
　　不要發起什麼運動。

四、政府用錢的方針，應該是多為民眾做雪中送炭的
　　事，而不要錦上添花。

3 月 23 日　星期五

上午

八時三十分，主持國防會談。

十時，出席中樞紀念國父月會。

下午

四時三十分，觀看「安東尼的中國」影片。

3 月 24 日　星期六

下午

七時，以晚餐款待美國駐華大使馬康衛夫婦。

3 月 25 日至 26 日　星期日至一

【無記載】

3 月 27 日　星期二

上午

八時，接見教育部司（處）長以上人員及臺灣省教育廳
廳長、臺北市教育局局長等。

九時三十分，接見研究發展考核委員會全體委員。

十一時三十分，接見馬克蘭樞機主教史利比茲等。

3 月 28 日　星期三

上午

九時，接見青年節慶祝大會工作人員黃公正等二十一人。

下午

三時三十分，出席中央政策會議。

3 月 29 日　星期四

上午

八時十五分，接見社會優秀青年代表周嘉等二十一人及

青年獎章得獎人林健成等七人，嘉許他們的優異表現。

九時，在中山堂出席青年節慶祝大會，並致詞勗勉全國青年發揚革命先烈精神，作為反共中流砥柱，消滅毛共，完成復國使命。

十一時，參加春祭。

3 月 30 日　星期五

上午

八時三十分，接見中非共和國駐華大使季邦達。

十時三十分，主持財經會談。

十一時，至臺灣療養院，探視青年獎章得獎人曾國超，嘉許他在艱苦環境中所獲得成就，望其靜心休養。

下午

四時起，分別接見輔仁大學教授陳致平、師大教授賈銳、周何、王澄霞及政大教授薛昭雄等。

3 月 31 日　星期六

上午

八時，接見國際關係研究所主任杭立武。

八時四十五分，主持行政院慶生會，並頒發教育獎助金予有關人員。

九時，聽取經濟合作委員會簡報。

十時，接見外交部部長沈昌煥及駐美大使沈劍虹。

4月1日　星期日

【無記載】

4月2日　星期一

上午

九時，接見六十二年度優良廣播電視金鐘獎得獎人臺北
軍中廣播電臺導播任俊等十人，並指示：廣播電視節目
的製作，要有適度、深度與特性。

九時十五分，接見中央日報社長楚崧秋及主要工作
人員。

九時三十分起，分別接見新任駐中非共和國大使王季
徵、前駐史瓦濟蘭王國大使羅明元等。

中午

十二時，至松山機場迎接陳大慶。

下午

五時，接見師大教授陳國璋。

五時三十分，接見美國空軍副參謀長魏德上將等。

4月3日　星期二

上午

八時三十分，接見夏威夷中華總會館會長鄺華棟等
四人。

九時，接見香港商會名譽會長黃篤修及旅港國民大會代
表尹致中。

十時，飛赴臺中。

十一時，在中興新村臺灣省政資料館，聽取臺灣省政府主席謝東閔、建設廳廳長林洋港、農林廳廳長張訓舜等有關加速農村建設方案執行情形及健全都市發展各項計劃之報告，並指示要誠心誠意貫徹農村建設計劃，處處為農民利益著想。

中午

在臺灣省政資料館與前赴臺灣省政府訪問的各大專院校訓導工作負責人共進午餐。

下午

三時四十分，前往大里臺灣省農會聽取簡報，並要求農會每一施政，均應以農民的利益為利益，同時協助政府改善農民的生活。

四時三十分，訪問鹿谷鄉農民。

夜

宿溪頭。

4月4日　星期三

上午

七時二十分，在溪頭與大專學生共進早餐並合影。

八時，遊鹿谷鄉開山廟、慈德寺，並訪問農友陳柏牧等。

中午

十二時十五分，在埔里噴水餐廳午餐，餐後巡視臺灣地
理中心，並赴榮民醫院慰問傷患。

下午

一時四十五分，觀賞觀音瀧橋瀑布。

四時，訪問霧社翠峯村村民。

四時五十五分，聽取清境農場簡報。

夜

宿清境農場。

4月5日　星期四

上午

六時三十分，參加清境農場升旗典禮，並訪問村民。

九時，至仁愛鄉巡視仁愛小學、仁愛國中，並訪問春陽
村山胞，視察霧社鎮公所，對山胞生活獲得改善，甚覺
欣慰。

下午

一時四十五分，在日月潭慈恩塔，瞻仰王太夫人像。

六時二十分，飛返臺北。

4月6日　星期五

上午

八時，約駐美大使沈劍虹共進早餐。

九時，主持行政院院會。

十時三十分，接見亞太地區國際營造業聯合會各國代表共三十一人。

十一時，接見臺大研究生協會主席蔡長泰。

中午

十二時，宴劉季洪等。

4月7日　星期六

上午

九時，約外交部司（處）長以上人員座談，提示：

不論環境如何險惡，不論遭遇何種困難，我國堅決反共的立場不變；未來外交態勢可能更為艱苦，我們必須在艱難中打開困局，迫使共匪完全崩潰。

4月8日　星期日

【無記載】

4月9日　星期一

上午

九時，接見高棉總統顧問勞本帕等。

九時三十分，接見中華電視臺新任董事長藍蔭鼎等。

下午

四時，接見前駐西班牙大使薛毓麒。

四時三十分起，分別接見東吳大學教授楊其銑、中興大

學教授寧育豐及淡江文理學院教授林雲山、芮涵芝。
五時，接見越南駐華代辦阮文矯。

國際青年商會馬尼拉分會，為慶祝亞洲加入國際青年
商會二十五週年，在馬尼拉舉行紀念會，特致賀詞，
籲請中菲青商會友，本友愛合作精神，建立自由幸福的
亞洲。

4月10日　星期二
上午
九時，列席立法院預算審查會議，說明中央政府總預算
編製經過，並指出總預算之重點，在全面改善國民生
活、加強科學的研究發展、貫徹政治革新、調整軍公教
人員待遇。

下午
三時，列席立法院預算審查會議。

4月11日　星期三
上午
八時，接見駐越南大使許紹昌。
八時三十分，接見約旦交通部部長巴西爾等。
九時，出席中常會。

4 月 12 日　星期四

上午

八時三十分，接見荷蘭飛利浦公司董事長飛利浦等。

九時，主持行政院院會，提示：

各有關部會，應協助地方政府完成各項建設；對越南重建及高棉之穩定，應盡力予以援助。

十一時，接見中日合作策進會日方委員小宮山英藏。

十一時三十分，接見西德帝帝凱樂公司董事長畢乃克等。

下午

四時四十五分，至松山軍用機場，歡迎越南總統阮文紹訪華。

4 月 13 日　星期五

上午

八時，主持財經會談。

十時，至圓山飯店與越南總統阮文紹會談。

中午

十二時三十分，偕夫人參加越南總統阮文紹之午宴。

下午

五時，接見韓國國會議員金裕琸、青年局局長方孝銀。

六時十五分，參加越南駐華代辦阮文矯歡迎阮文紹總統酒會。

4月14日　星期六

上午

八時四十五分，主持新任駐中非共和國大使王季徵
宣誓。

九時，約陸軍司令級以上高級軍官座談。

十時，約海軍司令級以上高級軍官座談。

十一時，約空軍司令級以上高級軍官座談。

下午

一時四十五分，至松山軍用機場歡送越南總統阮文紹
離華。

4月15日　星期日

【無記載】

4月16日　星期一

上午

九時，約聯勤高級將領座談。

十時，約警備高級將領座談。

下午

三時，至松山軍用機場歡迎約旦王儲哈山親王訪華。

三時三十分，主持經濟合作委員會委員會議。

4 月 17 日　星期二
上午
八時三十分，接見薩爾瓦多國防部部長羅美洛。

九時三十分，接見約旦王儲哈山親王等。

下午
七時三十分，參加嚴副總統歡迎約旦王儲哈山親王之晚宴，並接受贈勳。

4 月 18 日　星期三
上午
九時，陪同約旦王儲哈山親王自松山軍用機場起飛，赴南部參觀、訪問。

十時，陪同哈山親王聽取高雄南亞塑膠廠簡報，並參觀工廠。

十一時，陪同哈山親王訪問鳳山陸軍官校——檢閱學生儀隊、聽取簡報，與全校師生會餐，並參觀校史館及各項教育設施。

下午
二時，陪同哈山親王至屏東傘兵訓練中心，聽取簡報並參觀訓練情形。

三時三十分，陪同哈山親王參觀屏東海豐村臺糖牧牛場。

四時，訪問屏東美和中學，參觀棒球訓練，並勉勵該校青少年棒球隊，繼續努力，為國爭光。

四時十五分，巡視屏東縣潮州鎮公所，關懷貧民並垂詢
聯合服務中心工作。

六時三十分，至墾丁公園汽車旅館晚餐、休息。

4月19日　星期四

上午

八時，巡視屏東縣恆春鎮南灣里漁村及瀧巒潭農田水利
養蝦池，對漁民生活改善表欣慰。

九時四十五分，由恆春飛抵臺南，巡視空軍基地聯指部
大樓及空軍供應司令部。

十一時，參觀學甲鄉周大圍所經營之永峰雞場，鼓勵其
多多努力，以雙手創造美好的環境。

十一時四十分，巡視北門鄉烏腳病診所，慰問病患，並
請臺灣省政府謝主席贈該診所電風琴一臺及對烏腳病切
實研究防治。

中午

十二時十分，巡視北門鄉農會、鄉公所及北門塩場。

十二時四十分，參觀永隆宮、南鯤鯓廟，並在南鯤鯓廟
午餐。

下午

四時，巡視高雄三民區民營高雄牧場。

七時，在高雄圓山飯店宴約旦王儲哈山親王。

4 月 20 日　星期五

上午

六時三十分，巡視鳳山陸軍官校校區，並與專修班師生共進早餐，勉勵他們努力學習，團結奮鬥，發揚黃埔精神，完成時代使命。

八時四十分，接見高雄、臺南、屏東五縣市縣市長及縣市黨部主任委員，勉勵他們要大公無私，除暴安良，推行政治革新，為民眾謀求福利。

十時，巡視陸軍訓練發展司令部。

十一時，由屏東飛返臺北。

4 月 21 日　星期六

上午

八時三十分，接見出席亞洲銀行理事會年會代表團俞國華等。

九時，主持財經會談。

下午

六時，至圓山飯店拜會約旦王儲哈山親王。

4 月 22 日　星期日

上午

八時，陪同約旦王儲哈山親王，飛赴澎湖、金門參觀。

九時，參觀澎湖白沙鄉大榕樹及跨海大橋。

中午

轉抵金門，參觀擎天廳、戰備坑道及砲兵陣地，並於古
寧頭瞭望大陸；隨後至金城鎮訪問民眾。

下午

四時，赴金門古崗樓小憩，稍後飛返臺北。
七時三十分，參加約旦王儲哈山親王晚宴。

4月23日　星期一

上午

八時，以早餐款待美國眾議員派斯曼等。

下午

五時二十分，在松山軍用機場歡送約旦王儲哈山親王
離華。

4月24日　星期二

上午

九時，接見美國駐華大使館經濟參事莫偉禮。

下午

五時，在石牌主持振興復健中心病房奠基典禮。

4月25日　星期三

上午

七時三十分，祝谷正綱先生壽誕。

九時，出席中常會。

4 月 26 日　星期四

上午

八時三十分，接見約旦駐華大使比耳貝西。

九時，主持行政院院會，提示：

一、希望主管機關，立即訂定稻穀合理收購價格，以抑
　　止米價繼續下跌，使農民生產有所保障。

二、對蔬菜、飼料價格上揚，應即採有效措施抑止。

三、對報界用紙，中興紙廠應照舊供應，不能以紙價上
　　漲而減少。

四、公營事業，應以為民服務為主，並設法降低成本，
　　擴大服務成本。

五、各機關今後對介紹用人信件，一律送人事行政局或
　　省市人事處集中處理。

六、學生在電視上演唱流行歌曲及於商業廣告中出現，
　　均非所宜，教育部應即糾正。

七、政府機關舉行重要宴會時，有關穿著禮服的規定，
　　希外交部會同內政部及國防部研究，可否取消。

八、政府機關營繕工程及採購，常生圍標情事，應研究
　　改進辦法。

十一時，至博愛大樓參觀電腦中文收發報機。

4 月 27 日　星期五

上午

八時起，分別接見中央圖書館館長諸家駿、新任駐羅安

琪總領事羅明元、新任駐亞特蘭達總領事陳錫藩等。

九時三十分起，分別接見淡江文理學院西語系主任陳雅鴻及工學部主任沈一鳴。

十時，接見英國下議院保守黨議員哈斯丁。

下午

四時，接見國民大會代表葉國強老先生及旅美學人葉長暉父子。

四時三十分，接見美國陸軍技術團主任葛康瑞。

五時，接見美國國會議員助理訪華團馬漢尼等八人。

六時，接見香港明報社長查良鏞。

4月28日　星期六

上午

七時三十分，由松山軍用機場起飛赴嘉義。

十時三十分，巡視曾文水庫工程，慰問榮工辛勞，並勉勵工程人員運用其經驗及技術，繼續發展國家建設。

下午

一時三十分，由嘉義飛返臺北。

五時，接見旅美學人蔣碩傑。

六時，接見美國早餐會主席約翰麥爾斯。

4月29日至30日　星期日至一

【無記載】

5月1日　星期二

上午

八時，接見新聞局新任駐丹麥人員藍高榮。

八時三十分，接見美國運通銀行董事長克拉克等。

九時，接見日本眾議員藤尾正行、參議員玉置和郎及楠正俊。

下午

接見商務印書館館長王雲五先生。

5月2日　星期三

上午

八時三十分，接見西德上議院副議長瑞德等。

九時起，分別接見菲華商聯總會貿易考察團高祖儒等、駐越建設團團長劉戈崙及美國自由中國委員會執行秘書李艾華。

5月3日　星期四

上午

七時四十五分，接見駐美公使胡旭光。

八時三十分，主持財經會談。

九時，主持行政院院會，提示：

一、希望臺灣省政府與國防部密切聯繫，將國軍於農忙時期幫助農民耕作之工作，切實做好。

二、各級公私立學校學雜費用，在六十二學年度內，一律維持原有標準，不予增加。

三、本院改組一年來所作重要決定之執行成果，應由秘
　　書處會同研考會全面清查檢討，並於五月最後一次
　　院會提出報告。

5月4日　星期五

上午

八時，接見明德專案德籍教授考夫曼。

九時，接見臺灣省黨部主任委員梁永章。

九時三十分，接見臺北市政府局（處）長以上主管
人員。

十一時，接見駐約旦大使王叔銘。

5月5日　星期六

上午

八時二十分，飛赴中部巡視。

十時，巡視東勢大雪山林業公司。

十一時，巡視谷關陸軍四十六師師部。

下午

一時三十分，巡視青山地下發電廠及達見水壩施工
情形。

四時，巡視梨山福壽山農場及仙池、華岡招待所。

5月6日至7日　星期日至一

【無記載】

5 月 8 日　星期二

上午

九時，接見沙烏地阿拉伯工商部部長阿瓦第。

九時三十分，接見以色列研究發展局局長葉可夫。

下午

七時，至美國駐華大使官舍參加美國中央情報局副局長華德士酒會。

5 月 9 日　星期三

上午

七時，至士林祝張羣先生壽誕。

八時三十分，接見美國中央情報局副局長華德士。

九時四十分，出席中常會。

中午

十二時三十分，於圓山飯店以午餐款待明德專案西德籍教授考夫曼等七人。

下午

三時，主持經濟合作委員會委員會議，提示：

善用十億長期貸款，扶植中小企業之發展。

5 月 10 日　星期四

上午

八時三十分，接見韓國成均館大學校長林東昂。

九時，主持行政院院會。

5月11日　星期五
上午

七時二十分，至天母訪晤陳立夫先生。

5月12日　星期六
上午

七時二十分，至石牌訪晤胡璉。

5月13日　星期日
【無記載】

5月14日　星期一
上午

八時三十分，接見國軍六十一年度特保最優人員（臺北區）陸興上校等三十七人。

九時十五分，接見美軍太平洋區空軍總司令柯雷上將。

九時四十五分，接見六十二年僑社工作研討會海外僑團負責人鍾僑征等三十一人。

下午

五時，以茶點款待臺北市六十二年度模範母親黃郭綢等二十七人。

七時二十五分，在松山國際機場歡迎新加坡總理李光耀夫婦訪華。

5 月 15 日　星期二

上午

十時三十分，陪同新加坡總理李光耀夫婦由臺北飛抵臺中清泉崗機場，參觀軍事演習。

下午

一時，陪同新加坡總理李光耀夫婦抵達日月潭遊覽，並共進午、晚餐。

5 月 16 日　星期三

中午

十二時，陪同新加坡總理李光耀夫婦，自臺中飛返臺北。

下午

二時五十分，陪同新加坡總理李光耀參觀故宮博物院。

五時三十分，參加士林官邸餐會。

5 月 17 日　星期四

上午

八時，接見美國聯合水果公司國際業務處經理劉寬平。

八時三十分，接見法國經濟訪問團德布萊等。

九時，主持行政院院會。

十時，陪同新加坡總理李光耀拜會嚴副總統。

中午

十二時二十五分，在松山國際機場，歡送新加坡總理李光耀夫婦離華。

下午

五時，接見高棉政戰委員會主任恩普倫等。

五時四十五分，主持新聞局改組座談。

六時四十分，在美軍軍官俱樂部參加美國國防考察團酒會。

5月18日　星期五

上午

九時，接見韓國民主共和黨最高顧問白南檍。

5月19日　星期六

上午

八時三十分，接見約旦大學校長馬加利。

九時，接見中央研究院院長錢思亮。

十時起，分別接見國際關係研究所主任杭立武、農復會主任委員沈宗翰及國立清華大學校長徐賢修。

下午

六時，在美軍軍官俱樂部，參加美國軍人節酒會。

5月20日　星期日

【無記載】

5 月 21 日　星期一
上午

九時，接見立法委員張志智。

十時，接見美國洛杉機交響樂團團長古莫夫婦等。

十時三十分，接見立法委員張子揚。

中午

十二時三十分，在圓山飯店以午餐款待羅斯夫婦。

下午

三時，列席中央評議委員座談會。

5 月 22 日　星期二
上午

八時三十分，接見泰國海軍巡邏艦隊司令蘇柏夫婦。

九時，接見巴拿馬工商部部長曼費德等。

十一時三十分，至公館訪問美軍航空三二七師師部。

5 月 23 日　星期三
上午

七時三十分，在圓山飯店以早餐款待泰國海軍巡邏艦隊司令蘇柏夫婦。

八時三十分起，分別接見前駐澳洲大使沈錡、新聞局駐英辦事處主任鄭寶南、新任駐里約總理事楊卓膺、新任駐越南參事趙華琳、新任駐美屬薩摩亞領事劉恩第及臺大經濟研究所教授郭婉容、孫震等。

5月24日　星期四

上午

八時三十分，接見韓國國立博物館館長黃壽永。

九時，主持行政院院會，提示：

一、端午節將屆，經濟部及臺灣省政府、臺北市政府應
　　注意充裕貨源，防止物價上漲。

二、臺鐵二水車禍發生原因，應深入檢討，但不宜因而
　　放棄鐵路交通迅速、準確之要求。

三、應研究改進農會組織，使成為真正為農民謀取福利
　　之機構。

四、常見受過中等教育以上之國民，不遵守交通秩序，
　　任意違反交通規則，希望從事教育之工作同仁，重
　　視此一現象，急謀匡正對策。

5月25日　星期五

上午

八時三十分，自臺北飛抵臺東，由臺灣省政府主席謝東
閔等陪同，先後巡視伽藍漁港、臺東縣政府、馬蘭山胞
技藝訓練中心、卑南林有德農牧綜合經營農場、鹿野蠶
絲推廣中心，並至瑞源國中參觀學生營養午餐及其廚房
設備。

中午

十二時三十分，至綠島鄉巡視，對該鄉養鹿成就，甚感
滿意。

下午

四時，由臺東飛往花蓮，巡視花蓮港。

5 月 26 日　星期六

上午

七時三十分起，分別巡視鯉魚潭坡地水土保持工作站、
吉安鄉農業改良場、花蓮縣政府、花蓮師專及花蓮航
空站。

下午

二時起，先後巡視南澳鄉公所、雷達站、北方澳新港位
置及南方澳漁市場，並沿途勘察北迴鐵路地形，指示臺
灣省政府在交通安全前提下，妥籌財源，動工興建；花
蓮港第三期擴建計劃，應速研訂實施，以開發東部資
源，促進全面建設。

5 月 27 日　星期日

上午

七時，巡視大雪山林場。

下午

二時起，先後巡視中興紙業公司羅東總廠及大溪漁港，
並表示：政府決盡全力，改善漁民生活。
五時，返抵臺北。

5月28日　星期一

上午

八時三十分，在全國銀行業務檢討會議致詞，指出今後財政金融政策應當努力的方向及銀行業必須遵循的基本原則，並強調：我國今後的經濟發展，是要在穩定中求進步，銀行業對國家經濟變動所擔負的責任特別重大，希望銀行業把今年作為改革年，努力完成改革措施，以配合國家經濟的繼續成長與發展。

九時三十分，接見巴拉圭新任駐華大使安思壽。

全國銀行業務檢討會講話

　　今天財政部與中央銀行共同舉行全國銀行業務檢討會議，正當國際金融變動不定，我國經濟建設計劃進入第六期，而國內工商業對銀行服務的改進，要求日益殷切，希望加速配合發展，此時此地，大家集會檢討，應當是一個非常適當的時機。我們的國家雖然在外交上處於堅苦奮鬥的階段，但是在經濟發展方面的成就與國際貿易方面的成長，提高了我們在國際上的聲譽。這些進步的事實，如果沒有銀行界在資金上加以支援，在財務上加以調節，自然是沒法達成的。本人對於銀行界從業同仁，在這一方面所作的貢獻，至感欣慰。

　　經濟社會是一個不斷發展不斷改變的組織，尤其生存在今天國際金融動盪不定的環境裡，我們的經濟發展由於倚賴國際貿易的成份很大，所受影響也最為深切。每個從事經濟工作的公私組織與個人都應該隨時提高警覺，並以國家整個利益為前提，發揮力量，厚植基礎，

一方面求國內經濟的安定，一方面求對外經濟的擴張。銀行業是一切經濟事業所賴以成長、拓展及繁榮的總樞紐。因此，對國家經濟變動所擔負的責任也特別重大，過去銀行對經濟雖已有了相當貢獻，但處於今天的情勢，自必需要以加倍的力量，再求改進。

首先要與各位談一談國家財政金融政策的方向，因為配合國家政策，是銀行業所必須遵循的基本原則。

第一是「把握穩定」。任何經濟理論與實務的研究，都離不開這一要點。只有在穩定的財政金融基礎上，才能求經濟的正常發展，我們這幾年來由於輸出增加，外匯迅速累積，因此發生貨幣供給額增加壓力的問題，這一年來政府在反膨脹方面所採取的各種措施都是為了整體的經濟利益設想。有些措施不一定在短期內見效，但只要方向正確，還是要繼續檢討進行。銀行業應該作必要的研究與準備，並與企業界保持聯繫，以迅速的行動，配合執行這些措施，以保證其成功。

第二是「保持成長」。前面所講的穩定，並非停滯的意思，我們的經濟實在不容許我們不再繼續成長，我們應該選擇重點，配合六期四年經濟計劃，加速進行那些最有利的經濟投資。近兩年來銀行業已經有了重點授信目標的規定，很得工商界的推許，希望能切實做到，以開創銀行業主動提供服務的新契機。

第三是「公平與合理」。通常我們講「公平合理」往往是指財稅負擔方面而言，其實金融措施的公平與合理，較財稅更為重要。前者是很容易比較出來的，而金融業務於處理上如有不公平卻很難察覺。這一原則大之

可用於財政主管機關與中央銀行所制定的法令制度，小
之則表現於每一家銀行的存放款業務。我在上次邀請銀
行界同仁座談時，已約略地提到過。各位應該比我知道
得更清楚，今天銀行業對大戶集中貸款的現象愈來愈明
顯，甚至於已有國內外重複融資的情形，這何嘗不是信
用膨脹的一大根源。然而銀行對於具有發展前途的中小
企業，則往往太顧慮到風險因素，而不願主動地去提供
協助，致使中小企業失去了成長發展的機會。至於「合
理」，是指的存放款業務都要用合理的方式去做，手續
要簡單，處理程序要能夠合乎商業的習慣，但亦不致失
於草率。一切手續能夠「合理」就不會引起公眾抱怨，
亦可以使銀行本身獲得更多的顧客。

　　第四是配合國際金融與國內經濟發展的需要。我們
的一切金融措施與銀行實務，一定要隨時隨地考慮到各
種金融情況的變化與國內工商企業界的實際需要，過分
保守和一成不變的做法，已難於適應當前的環境。銀行
家應該是有眼光、有擔當、有作為的企業家，決不僅是
一個商舖裡面的管事。我認為銀行人員必須排除被動的
惰性，不能坐在辦公室裡等辦公文，銀行人員必須要主
動的去找顧客，瞭解顧客的業務，甚至於還要由於業務
上的連帶關係，而進一步瞭解國內外經濟金融的動態，
採取適當的對策。同樣的理由，管理銀行機構，不要過
份約束銀行人員的作為，使他們無法放手去做事情，這
便是企業化的基本精神。

　　有人告訴我因為銀行人員對呆帳要負法律責任，所
以銀行必須重視抵押和擔保手續，以致產生種種不便民

的批評。於是大家責怪到法律、制度和行政管理不合理，我認為這個看法是有些似是而非的。銀行發生呆帳的原因很多，但決不單純是有沒有抵押品的問題，也決不是法律或制度規定嚴寬的問題。有些貸款即使有了抵押品也照樣可成為呆帳，一切手續反而成為不負責任者的護身符，事實上一筆貸款，經過有能力與負責任的銀行幹部調查清楚，分析正確，很少會發生問題；倒是憑人情關係輾轉請託的案件，每多發生呆帳。所以我很同意加強分級授權以及提高逐級授信額度的辦法。我們要培養銀行人員負責服務的精神，事後憑業績加以考核；不要使他們養成一種事事請示，事事不負責任的工作態度。

最近銀行法修正草案已經行政院會議通過，即將送請完成立法程序。這是一件重大的改革，可以說把大家所能想到的不合實際的規定，於修正草案中均經予以改正。其中對於中長期信用體系的建立與銀行貸款手續的改進都有很明確的規定，前者對於我們今後的經濟加速發展很有關係，後者則可對大家所批評的束縛得到解除。但各位不要忽視銀行法修正後對銀行本身的責任亦同時加重了，在銀行同業劇烈競爭的情形下，銀行業必須澈底改進業務，在新銀行法所能容許的情形下，不斷研究簡化手續，便利顧客，才能得到生存，才能得到合理的利潤。

這次銀行業務檢討會中，要提醒大家對農業貸款與中小企業貸款的問題，予以特別注意。農業是我們立國之本，依農業為生的農民和他們的家屬，仍然佔了我國人口的大部份，要使我們國家經濟繁榮，社會秩序安

定，政府對農業經濟的發展，必須要有計劃的大規模去
推動。農業行庫以及散佈在全省各地的農會信用部，是
政府以金融力量來幫助發展農業及辦理農村建設的重要
機構。這些機構的人力配備是否妥當，工作效率是否良
好，以及各種制度手續能否適應農村社會的需要，希望
各位能利用這次會議時間，加以澈底檢討，提出確切可
行的辦法來，作為我們今後數年內辦理農貸業務的基
礎。至於中小企業的貸款，不論開發中國家和經濟進步
的國家對此都非常重視，主要是這類企業無論在單位數
量與從業者人數方面，在社會中都佔有很重要的地位，
但是他們在成長發展過程中，需要金融方面的援手，才
能脫穎而出，成為企業界的新生力量，對國家經濟提供
更大的貢獻。希望銀行今後能夠逐年增加對中小企業貸
款的比重，同時改進貸款的手續和方法，使中小企業在
融資方面能得到與大型企業同樣公平合理的待遇。

今天有三百多位銀行負責人員來參加會議，各位都
是銀行專家，對金融業務都很有研究，希望大家把今年
這一年作為銀行業務的改革年，要以一年的時間，努力
完成上面所講的幾項改革措施，以配合我國經濟的繼續
成長與發展。最後祝各位健康，會議成功。

5月29日　星期二

上午

八時三十分，在臺北市六十二年度行政會議中致詞，勖
勉全體與會人員盡全力消滅貧窮、髒亂和不道德的死
角，做好基層紮根工作，認真檢討策劃今後發展方向，

將臺北市建設成為一個自由、繁榮、和諧、平等的三民
主義模範市。

九時三十分，在教育部青年工作座談會中致詞：政府將
竭盡所能，幫助青年開創光明的前途；並勉勵青年們要
重是非、有定力、有定見，與政府結合在一起，共同為
反共復國而努力。

下午

五時三十分，接見國家科學委員會主任委員吳大猷。

5 月 30 日　星期三

上午

八時三十分，至立法院訪晤倪院長，對立法院給予行政
院的支持，表示誠摯的謝意，並表示：政府將嚴格控制
預算，切實執行，使每一分來自國民的收入，用諸於國
家建設及國民福利。

九時，出席中常會。

下午

五時三十分，拜會嚴副總統。

5 月 31 日　星期四

上午

八時四十五分，主持行政院慶生會。

九時，主持行政院院會。

下午

四時，主持救國團團務工作發展座談會。

6月1日　星期五
上午

八時，參觀三重市金剛鐵工廠，對該廠每年以大量製成機器外銷，表示嘉許。

十時三十分，參觀內壢六和福特汽車工廠。

6月2日　星期六
上午

九時，接見泰國國防研究院訪問團全體團員。

九時三十分，接見旅美學人李抱忱。

十時，接見全國商業總會第二屆理、監事，勉勵全國工商界與政府充份合作，發揚公平交易固有道德，維護國家在國際上的商業信譽，共同為國家利益及全民福祉盡力。

十時三十分，接見六十二年暑期旅港泰青年回國觀摩團。

十一時，接見中國文藝協會第十四屆文藝獎章得獎人夏楚等十三人。

中午

十二時，約吳大猷等共進午餐。

6月3日　星期日
【無記載】

6月4日　星期一

上午

八時三十分，接見菲律賓駐華大使雅默士。

下午

四時四十五分，接見美國空軍三二七師師長克拉克准將等。

五時，接見美國駐華大使馬康衛。

6月5日　星期二

上午

九時，接見美國防洪專家郝瑞遜。

十時，主持情治首長座談。

下午

四時四十五分，參觀臺中育嬰所，對該所育嬰方式，表示讚佩。

六時，在中興新村省訓團與參加講習的臺灣省民選鄉鎮市長同進晚餐，共度端陽佳節；勗勉全體鄉鎮市長處處愛護民眾，貢獻力量服務地方，為國家建設奠定堅實基石。

6月6日　星期三

上午

九時，參觀竹山李勇廟，並訪問錢朝賢荔枝園及簡順淵磚廠。

十一時十五分，巡視彰化縣福興鄉酪農專業區及海寶海堤，並指示臺灣省水利局人員，於颱風來臨前夕，完成海堤修護工作，以確保沿海民眾的生命財產安全。

下午

一時，在雲林縣西螺鎮，聽取有關蔬菜生產專業區之簡報，並實地巡視蔬菜生產經營情形。

四時，巡視臺南縣白河鎮促進農業經營現代化稻作實驗區，參觀機械收割及稻穀烘乾作業，並詢問農民對該項實驗的意見。

五時四十分，在中興新村與臺灣省政府委員共進晚餐。

6月7日　星期四

上午

七時，在中興新村臺灣省政資料館與臺灣省二十位縣市長共進早餐，勉勵有目標、有計劃、有立場的努力工作，以極大的耐心，認真地做好向下紮根的工作。

九時，在臺灣省訓團臺灣省行政會議揭幕式中致詞，勉勵臺灣省行政幹部，積極發揮團隊精神，摒棄狹隘的地方觀念，消除任何特權，創造和諧進步的社會。

十一時，巡視臺中縣潭子鄉臺中加工出口區，聽取簡報，並參觀佳能照相機製造廠。

6月8日　星期五

【無記載】

6 月 9 日　星期六
上午

十時，主持國防會談。

6 月 10 日　星期日
【無記載】

6 月 11 日　星期一
上午

八時三十分，在行政院業務研討會第一期致詞，勉勵各級公務人員，應以身作則，奉公守法，為民服務。

十時起，分別接見中興紙業公司董事長蕭西清、立法委員邱仕豐、政大副教授張京育、駐哥倫比亞參事章德惠、駐史瓦濟蘭一等秘書鄭文華、前駐羅安琪總領事劉邦彥及外交部駐港辦事處主任羅致遠。

6 月 12 日　星期二
中午

十二時三十分，與參加行政院業務研討會第一期人員共進午餐。

下午

五時，接見國立清華大學美籍顧問麥洛特博士。

五時三十分，接見訪問中非貿易團團長劉師誠及全體團員。

六時，接見駐高棉代表團團長董宗山。

六時四十分，參加菲律賓國慶酒會。

6月13日　星期三
上午

九時，出席中常會。

下午

五時，接見美軍太平洋區陸軍總司令魏恩上將。

五時十五分，接見經濟部部長孫運璿及該部次長、局長等。

6月14日　星期四
上午

九時，主持行政院院會，提示：

政府各部門，應發揮整體力量和團隊精神，掌握生產原料和與民生有關的重要物資，嚴加處理不法商人乘機哄抬，以穩定物價；並擬訂長期平抑物價方案，減少國際物價波動對我所生之影響。

6月15日　星期五
上午

十時四十五分，由臺北飛抵岡山，聽取空軍官校簡報，並與全校師生共進午餐。

下午

一時，參觀高雄唐榮鐵工廠。

二時二十分，在左營聽取海軍官校簡報，並與全校師生共進晚餐。

二時三十分起，分別接見高雄市市長王玉雲、高雄港務局局長李連墀、楠梓加工出口區管理處處長吳梅村及高雄煉油廠副廠長南登岐、李熊標等，垂詢地方行政及各單位業務情形。

四時二十分，參觀楠梓加工出口區，詢問勞工工作、生活情形及一般福利措施。

6 月 16 日　星期六

上午

六時三十分，巡視陸軍官校校區及正期學生寢室。

十時二十分，主持陸軍官校建校四十九週年校慶大會，轉總統對三軍官校「應團結一致，戰勝敵人」之指示，並勉勵學生立志做時代之英雄豪傑，從困難中打開勝利之路。

中午

與陸軍官校全體師生、學生家長及各界來賓共進午餐。

下午

二時，在大樹鄉參觀佛光山佛教學院。

三時十分起，分別巡視旗山、美濃、六龜香蕉產地，關切香蕉滯銷情形，指示臺灣省政府應全力加以改善。嗣後又巡視六龜農業試驗所，慰勉該所員工。

6月17日　星期日
上午

九時，巡視六龜基督山地孤兒院慰問山胞，並促請臺灣省政府加強山地農業推廣工作，擴大開發山地資源。

下午

一時，巡視臺南市政建設，並至安平港實地勘察新闢鯤鯓漁港之規劃情形，指示有關單位加強安平港之疏浚與開發，解決新建鯤鯓漁港的經費問題，以發展臺南地區的工商漁業。

三時三十分，飛返臺北。

6月18日　星期一
上午

八時三十分，對參加行政院業務研討會第二期人員講話，勉勵與會人員加強上下縱橫之間的協調聯繫，革除敷衍作風，革新行政業務，發揮整體的力量。

6月19日　星期二
【無記載】

6月20日　星期三
上午

七時，赴天母訪晤陳立夫先生。

下午

四時，主持經濟合作委員會委員會議，對該會委員、各部門主管及工作人員四年來合作和努力，表示欣慰和謝意。經濟合作委員會改組為經濟設計委員會後，對於國家經濟發展將負起更大責任，希望繼續研擬有效措施，使物價更為穩定，並配合農業政策，減輕農民負擔。

五時四十分，至中心診所探視陳果夫夫人朱明女士。

6 月 21 日　星期四

上午

八時三十分，接見駐越南農技團團長羅宗爵。

九時，主持行政院院會，提示：

政府施政是以謀求全體國民福利，解決多數同胞困難為目的，願以此作為與各位首長共勉的工作信條。

十一時，至立法院訪晤倪院長。

6 月 22 日至 24 日　星期五至日

【無記載】

6 月 25 日　星期一

上午

八時三十分，對參加行政院業務研討會第三期人員講話，勉勵注重分層負責，提高行政效率。

十時，訪晤中央黨部張秘書長寶樹。

6月26日　星期二

上午

八時，以早餐款待旅美學人蔣碩傑、劉大中等。

九時三十分，主持財經會談。

十時三十分，接見駐韓大使羅英德及駐紐約總領事夏功權。

中午

十二時三十分，與參加行政院業務研討會第三期人員共進午餐。

下午

七時，參加美國駐華大使馬康衛晚宴。

6月27日　星期三

上午

八時十五分，接見象牙海岸觀光事務部部長埃克拉等及教廷博物館館長康布士。

九時，出席中常會。

下午

五時，接見約旦派赴三軍大學特別班受訓軍官三軍總部副官署署長阿拉比亞特准將等九人。

五時三十分，接見日本經濟春秋社社長國頭正義、宏都拉斯參謀總長郝蘭德斯上校及越南總統特別助理鄧文光中將。

6 月 28 日　星期四

上午

九時，主持行政院院會。

6 月 29 日　星期五

上午

九時三十分，接見印尼商業部部長帕拉威羅等。

十時，出席中樞紀念國父月會。

下午

七時，參加教廷駐華大使館教皇加冕週年酒會。

6 月 30 日　星期六

上午

八時四十五分，主持行政院慶生會。

中午

十二時四十五分，祝賀王雲五先生壽誕。

7月1日　星期日

上午

十時十分起，分別至臺灣大學及師範大學考場，巡視大學聯招考試情形。

十一時十二分，至木柵訪晤政治大學校長劉季洪。

7月2日　星期一

上午

八時四十分，對參加行政院業務研討會第四期人員講話，勉勵與會人員體認國策，合作協調，建立政府整體性觀念。

7月3日　星期二

上午

八時三十分，主持財經會談。

中午

十二時三十分，與參加行政院業務研討會第四期人員共進午餐。

7月4日　星期三

下午

六時三十分，參加美國國慶酒會。

7月5日　星期四
上午

八時三十分，代表總統授勳農復會前主任委員沈宗翰，並盛讚其對我國農村建設的卓越貢獻。

九時，主持行政院院會，提示：

加強防颱的宣傳和防範工作，以免使國家和人民遭到損害；對颱風來臨時交通安全之維護及受損路、橋之搶修，尤要妥慎預為策劃。

十一時三十分，拜會嚴副總統。

下午

六時四十分，參加委內瑞拉國慶酒會。

7月6日　星期五
上午

十一時，接見農復會新任主任委員李崇道及委員蔣彥士、克拉克等。

十一時三十分，接見美國駐華經濟參事莫偉禮。

7月7日至8日　星期六至日
【無記載】

7月9日　星期一
上午

八時四十分，對參加行政院業務研討會第五期人員講話，勉勵認清責任，以正確之工作方法，執行政策。

九時三十分，接見國際關係研究所主任杭立武。

十時，聽取原子能委員會簡報。

下午

五時，接見美國空軍參謀長雷恩上將。

7月10日　星期二

上午

八時三十分，主持財經首長會報。

十時三十分，約三軍總司令以上高級軍事首長座談。

中午

十二時三十分，與參加行政院業務研討會第五期人員共
進午餐。

7月11日　星期三

上午

九時，出席中常會。

下午

六時三十分，在巴西駐華大使館參加歡迎巴西眾議院議
長馬西里歐夫婦酒會。

7月12日　星期四

上午

九時，主持行政院院會，提示：

穩定經濟的措施，需要全體一致努力以赴，唯有大家協調合作，才是成功的最大保證；並指出亟須注意處理的重要問題如次：

一、如何疏導游資，使其用之得當。

二、如何掌握重要物資。

三、如何突破交通擁塞的瓶頸，使重要物資能迅速進口。

四、如何調節和充裕肥料的供應。

五、如何不使飼料貼補政策變質。

7 月 13 日　星期五

上午

九時，接見巴西議員訪問團眾議院議長馬西里歐等七人。

十時，接見香港元老足球隊，盛讚該隊顧問及教練李惠堂對體育的貢獻及其為實現崇高理想而奮鬥不懈的愛國家、愛體育的精神。

7 月 14 日　星期六

下午

七時三十分，在木柵與黨務工作研討會與會人員共進晚餐。

7 月 15 日　星期日

【無記載】

7月16日　星期一

上午

八時四十分，對參加行政院業務研討會第六期人員講話，勉勵於執行公務時，要「明是非、辨善惡」，「近君子、遠小人」，並於任勞、任怨之外，更能做到任謗。

九時三十分，約經濟部部次長及國際貿易局局長、工業局局長座談。

7月17日　星期二

上午

八時，在圓山飯店以早餐款待魏德邁先生。

十一時，主持財經會談。

中午

十二時三十分，與參加行政院業務研討會第六期人員共進午餐。

7月18日　星期三

上午

八時三十分，接見尼日教育、青年暨體育部部長唐逖可及旅菲律賓僑領蔡文華。

十時四十分，出席中常會。

7 月 19 日　星期四

上午

八時三十分，接見美國眾議員肯普。

九時，主持行政院院會，提示：

一、肥料供應，有非常迫切的時間性，必須從生產、運
　　輸、分配、出售各方面同時努力，使農民能夠買到
　　肥料。

二、一切防颱工作，仍須充份做好；易受颱風損害之重
　　要工程，更需於颱風來臨前趕緊完成。

7 月 20 日　星期五

下午

四時，對國軍業務檢討會與會人員講話。

五時三十分，接見尼加拉瓜航空公司董事長克拉維茲
等。

七時，參加哥倫比亞國慶酒會。

7 月 21 日　星期六

上午

九時三十分，訪問臺中成功嶺基地，勉勵集訓中之大專
青年對國家民族盡心力，作反共復國新血輪。

中午

十二時，與在成功嶺基地集訓之大專青年共進午餐。

下午

一時，參觀鹿港媽祖廟、天后宮，並巡視鹿港鄉農會。

二時四十分，巡視田中彰化敬老院、榮民之家、少年輔導院及榮民醫院。

五時，在日月潭涵碧樓宴美國商務部部長鄧特。

訓勉成功嶺大專集訓學生

今天同外交部沈部長、省政府謝主席一同到成功嶺來看大家，看到各位同學不論在精神上、體力上經過三個禮拜的訓練，都有長足的進步，感到非常的愉快，非常的興奮。

三星期以前，大家來到成功嶺接受軍事的訓練，一定會感到相當辛苦和不習慣。但是，成功嶺的訓練，一定對於青年們，甚至我們的國家，都有重大的意義，重大的價值。

我們要知道，成功嶺的訓練究竟是為誰而訓練？為何而訓練？我想那就是為了我們青年能夠開闊、創造自己光明的前途而訓練，也為了使我們青年能深切的明瞭我們對國家所負的責任，同時，更為了我們的生命和國家的生命、民族的生命，都能夠生存，使我們青年們對國家都能提供貢獻的機會，使國家能夠強盛起來，以保衛我們民族的生存、國家的獨立，和人民的自由。大家能夠了解為誰而訓練？為何而訓練？就可以知道六個星期的訓練，在你們個人的一生，其意義是多麼的重大。

我們常在報紙上看到，父母都有「望子成龍」的希望，不過我感覺「望子成龍」這個觀念，不是一個新的

觀念，天下父母都希望自己的兒女，有光明燦爛的前途，看到兒女在學業上、事業上有了成就，便是做父母一生最大的快樂，最大的安慰；如果看到自己的兒女，在學業上或事業上失敗了，這也是做父母的最痛心的事。所以，我們要報答父母的恩惠，就應當往成功的道路上去努力，以自己的成就來安慰父母，要走正當的大路來創造我們自己的事業。我想把「望子成龍」這句話，如果改成「望子成功」，才是現代的一個觀念。

在我們整個的生命來講，我們與民族的生命是不能分的。因為我們每個人的血，都是我們中華民族的血、黃帝的血，所以我們要以做一個中國人，做一個中國的現代青年而感到光榮、感到驕傲。更要感覺到我們對國家、民族所負的責任，是如何的重大。

在這個時代裡，不是個人成功，不是個人自己代表生存的時代。我們要在這個時代，盡我們每一個人的心力，為國家民族有所貢獻。今天也是一個苦難的時代，更是青年人發揮自己戰鬥力量的時代。對有信心的人來講，是一個充滿了希望的時代。當年，黃埔的青年穿上了軍衣，完成了北伐，消滅了軍閥，統一了中國；當年，抗戰時期的青年，穿上了軍衣，打敗了日本軍閥，獲得了抗戰的最後勝利。今天我們在自由基地──臺灣的青年，穿上了軍衣，就是要達成確保臺澎金馬，光復大陸河山，消滅共匪政權的任務，這一個任務加在你們的身上。整個革命的使命有他的一貫性，有他的傳統性，我們在總統領導下完成北伐，完成了抗戰，我們也要在總統領導之下，來完成今天歷史性的重大任務──

就是光復大陸河山，這一個任務落在我們這一代青年的
肩上，讓我們大家共同的學習，共同的努力，共同的鍛
鍊，來創造這個光明的時代，來完成我們國民革命的時
代使命。

　　成功嶺可以說是一個把鐵鍊成鋼的地方，也就是要
把青年人的意志和力量集中起來，成為一個無比的力
量。大家結訓離開了成功嶺之後，分別回到學校和社會
上去，都能夠成為我們反共復國的新細胞，新血輪。這
個意義，希望我們大家都能夠了解。最後，祝福成功嶺
全體青年身體健康，事業成功，讓我們大家為勝利來努
力，來奮鬥。

7月22日　星期日
【無記載】

7月23日　星期一
上午

六時三十分，在小欣欣餐廳，以早餐款待臺北市早覺會
理、監事及顧問等三十餘人，希望他們把早覺會的精神
發揚光大，同時也將「風雨無阻」的恆心和毅力予以推
展，使之蔚為全民的早起風氣。

九時十五分，接見美國商務部部長鄧特。

十時五十分，在士林教堂主持三公子孝勇婚禮。

7 月 24 日　星期二

上午

八時三十分，主持財經會談。

7 月 25 日　星期三

上午

九時，出席中常會。

下午

三時，在國家科學發展委員會第三十次委員會議中致
詞，說明國家科學發展的目標，應當是：增強國家力
量；為國民創造更多財富，提高國民生活水準。強調各
機關必須協調配合，吸收人才，蔚為國用；把握重點，
一起研究、一起創造、一起發明、一起工作。

五時，接見美軍太平洋艦隊總司令柯烈瑞上將。

7 月 26 日　星期四

上午

八時四十五分，主持駐宏都拉斯大使俞國斌宣誓。

九時，主持行政院院會，提示：

一、今年肥料供求失調，各有關機關應即著手調查、
　　研究、準備，對明年的肥料供應，擬訂一套完整
　　的計劃。

二、各位政務委員及機關首長，可由秘書處安排，分批
　　或集體至各重要軍事及工業設施地區參觀，以調劑
　　終年工作之辛勞。

下午

五時，接見港九排球聯會青年男女排球隊。

7月27日　星期五

上午

八時起，分別接見旅美學人丘宏達、魏鏞、吳元黎。

十時，拜會嚴副總統。

7月28日　星期六

上午

九時，接見美國陸軍技術團主任費可福。

九時十五分，接見新加坡國際貿易公司董事長沈基文。

九時三十分，接見日本國際技術研修社主持人西鄉
隆秀。

十時，出席中樞紀念國父月會。

7月29日　星期日

【無記載】

7月30日　星期一

上午

八時二十分，訪晤黃杰、陳大慶及袁守謙。

九時四十分，拜會嚴副總統。

下午

五時十分，巡視福和大橋。

7月31日　星期二

上午

八時四十五分，主持行政院慶生會。

九時，主持財經會談。

8月1日　星期三

上午

十一時，接見旅美學人丘宏達。

8月2日　星期四

上午

八時，接見薩爾瓦多內政部部長馬丁內斯。

八時三十分，接見旅美學人謝文孫。

九時，主持行政院院會，提示：

關於肥料供求失調問題，希望臺灣省政府和經濟部盡全
力克服一切困難，用自己的力量來解決；並對今年所以
形成如此困擾局面的因素，加以檢討，再依所得結論和
對明年情況的分析預測資料，著手擬訂明年的肥料產銷
計劃。

8月3日　星期五

【無記載】

8月4日　星期六

上午

九時，主持國防會談。

十時十五分，接見中國信託投資公司總經理辜濂松。

8月5日　星期日

下午

七時，參加國家建設研究會歡迎茶會，期勉海外專家

學者，能夠經由觀察、瞭解、討論與建議，對國家多
作貢獻。

8 月 6 日　星期一
上午

八時，約香港工商日報副社長何宏毅共進早餐。

下午

五時，接見美國駐華大使馬康衛及副館長來天惠。
七時，參加嚴副總統晚宴。

8 月 7 日　星期二
上午

十時三十分，接見農復會主任委員李崇道及該會組長以
上人員。
十一時三十分，接見唐榮公司董事長吳嵩慶。

8 月 8 日　星期三
上午

九時，出席中常會。

下午

四時三十分，接見美國駐華大使馬康衛及副館長來
天惠。
五時，主持情治首長會議。

8月9日　星期四
上午

九時，主持行政院院會。

十時三十分，主持財經會談。

8月10日　星期五
上午

八時三十分，接見旅美僑領梅伯羣。

九時，接見美國眾議員李格特、麥克羅萊等八人。

十時，出席中樞紀念國父月會。

8月11日　星期六
上午

九時，接見政務委員李登輝、農復會主任委員李崇道及臺灣省農林廳廳長張訓舜、糧食局局長施石青。

下午

六時二十分，在松山軍用機場歡送嚴副總統以特使身份赴巴拉圭參加新任總統就職典禮。

8月12日　星期日
【無記載】

8月13日　星期一
上午

十一時，接見臺灣大學教授林憲及榮民總醫院醫師趙

彬宇。

8 月 14 日　星期二
上午

八時三十分，接見亞洲議員聯合會秘書長武野義治及日、韓、寮、越各國議員共十六人。

九時，主持青年工作檢討會，指出青年工作的方向在激勵青年奮鬥創造精神，長期培養新生力量及輔導未升學就業青年為國效力。

十時三十分，接見新聞局駐法辦事處主任陶宗玉。

8 月 15 日　星期三
上午

九時，出席中常會。

下午

三時三十分，接見國家科學委員會組室主管以上人員，提示：

一、國科會對國家的科學發展，應負起綜合計劃與督導的責任，並促使政府、學校及民間研究機構，配合國家需要，使之走向健全發展的途徑。

二、今後我國的經濟發展，採取農工併重，希望國科會對政府即將實施的各項重要工業計劃，多加研究，並將研究結論，提供主管部門參考。

三、關於人文科學方面，應注意教育與人力發展之研究，以配合整體的經濟建設。

五時，接見經濟設計委員會處長以上主管人員，提示：

一、三民主義的建設，一方面要增加國家的力量，一方面要造成均富的社會，希望經設會針對「均富」的目標，對第六期四年經建計劃執行情形，提出檢討改進意見；並對第七期四年經建計劃，就「公民營企業之相互配合發展」、「基本公共建設和重化工業的發展」及如何在經濟上減少對外國的依賴、分年達到自給自足等方面，進行研擬。

二、經濟研究處，除作長期趨勢的研究以外，並要把握當前的幾個重要問題：

（一）要預測國際經濟情勢的變化，並注視其發展動向，適時提出因應措施之建議。

（二）要掌握國內經濟發展方向，積極輔導中小企業，協助民間有計劃地從事農工生產，共享經濟建設成果。

（三）處理物價問題，要理論與實際兼顧，目前短期的限價措施，自須針對實際情況，在不影響經濟發展的要求下，逐漸取消。

（四）補貼政策，從經濟學的觀點言，不宜長期實施；但就政治立場說，為達到「取之於民，用之於民」的目的，只要不動搖政府的財政基礎，是可以做的。希望從事經濟研究工作人員，對於「取之於民，用之於民」這一決策，能加以重視。

六時四十分，參加韓國國慶酒會。

8 月 16 日　星期四

上午

七時，訪晤陳立夫先生。

九時，主持行政院院會，提示：

今年全世界各國農產品普遍歉收，明年亦不樂觀，我們必須充份掌握糧食，以安定人民生活；而掌握糧食積極的作法，則是大量增產。希望有關部會及省市政府對提高農民增產的興趣、充份供應肥料及大量興建儲糧倉庫各項急務，迅速推動，妥擬計劃，實實在在地去執行。

十一時起，分別接見國際關係研究所主任杭立武、大法官李學燈、中興大學教授范光陵、旅美學人魏鏞等。

8 月 17 日　星期五

下午

五時，以茶會款待參加國際計算機科學會議學人竇祖烈等十六人。

六時五十分，參加加彭國慶酒會。

8 月 18 日　星期六

上午

九時，主持財經會談。

十時三十分，接見經濟部物價督導會報人員，期勉物價督導會報發揮最大功能，維持國內物價長期穩定。

8月19日　星期日

上午

九時，接見返國參加國家建設研究會學人施增瑋等十一人。

8月20日　星期一

上午

十時，參加國家建設研究會綜合研討會，向海內外學人說明政府所有施政，都是為回到大陸建設理想的中國作紮根播種的工作，希望海內外學人專家，加強團結，發揮集體的智慧，創造理想的現代化中國社會。對國家建設研究會所提各項建議，將分別加以研究處理，希望海外學人返回各人的工作崗位後，對海外所有的人講明白，幫助政府，消除隔閡。

下午

五時，接見我國參加第二十一屆國際技能競賽代表團全體團員，嘉勉他們在慕尼黑的優異表現，並表示基本技術人才的培植，將列為政府施政重點之一。

六時三十分，以餐會款待出席國家建設研究會全體學人及眷屬，致詞希望大家的心永遠聚合在一起，共同為國家崇高的理想而奮鬥。

8月21日　星期二

上午

十時十五分，在亞盟第十九屆大會開幕典禮中致詞，強

調必須合力消滅毛共，亞洲始能獲得安全。

下午

五時三十分，接見美國眾議員伍爾夫。

六時，接見美國眾議員薛禮。

亞盟第十九屆大會開幕致詞

亞洲人民反共聯盟第十九屆大會今天在中華民國的臺北市隆重揭幕，經國有此機會能與亞太地區傑出的反共領袖共處一堂，感到十分榮幸。謹先代表我國政府與人民，向遠道而來的各國貴賓，表達我們熱烈的歡迎與誠摯的敬意。

貴聯盟的成立，是要聯合亞洲人民在爭自由、爭生存、反共產、反奴役的正義旗幟下，共同為亞洲的安全和平而團結奮鬥。由於這一崇高的宗旨和目標，十八年來，經貴聯盟的不斷努力、不斷擴展，已使這一可尊敬的反共組織早就成為亞洲人民反抗共產暴政的一個核心。而且自一九六七年之後，由於貴聯盟的積極倡導，更進一步的組成了世界反共聯盟，使全球愛好自由的反共人士，從此聲氣相通，意志相應，建立了一條壯大的反共聯合陣線。因此，在全球性的反共運動之中，貴聯盟實有無比卓越的成就與貢獻！尤以今天在國際姑息逆流掩護之下，亞洲地區所受共黨威脅具有極大隱伏性險惡的時際，貴聯盟在此盛大集會，為亞洲反共運動策訂今後努力方向，並以「為亞洲安全、自由與進步而奮鬥」作為大會研討的主題，更有重大的意義與深遠

的影響！

　　共產毒素思想的傳播和共黨邪惡勢力的擴張，是二十世紀人類最大的劫難。這一股濁流雖然源起歐洲，但是半個多世紀以來，不幸受害最深最烈的卻是亞洲！尤其是當中國大陸關入赤色鐵幕之後，毛共集團承襲了反理性的馬列邪說，加上反人性的暴虐統治，以饑餓、恐怖、迫害的手段，裹脅著被奴役的七億人民，作為它向世界進行威嚇、敲詐、勒索的工具，不但為中國人民帶來空前未有的浩劫，更使中國大陸成了共產侵略的最大基地，當然也成了導致亞洲地區動盪不安的一個禍根亂源！

　　我們總統早曾指出：「世界的危機在亞洲，亞洲的問題在中國」。我們試一回顧毛共竊據中國大陸以後的亞洲局勢，由韓戰到中南半島的戰爭，由東北亞到東南亞，以至所謂次大陸每一地區的動亂，那一件不是毛共對外擴張或煽惑策動的結果？二十多年以來，亞洲有一半以上的人口，淪為共產暴政下的奴隸，有難以計數的家庭在動亂中支離破碎，更有難以計數的生命和財產毀於戰火，這許多慘痛的經歷，早已告訴世人一項鐵的事實，那就是：亞洲地區的安全受到威脅，亞洲人民的自由受到侵害，以及亞洲社會的進步受到阻礙，這一切的一切，都是由於毛共的陰謀和野心所一手造成！

　　如今毛共由於多年的罪惡橫行，外受世界的痛恨與鞭撻，內有鬥爭分裂的危機，不得不變更手段，換上偽裝的笑臉，佯作溫和的姿態，侈談和平，妄言合作，以致迷惑了世人的視覺，錯看了它的面貌，從而鬆懈了防

範的警覺，實則恰好墮入了毛共的奸謀詭計。事實上儘管毛共假貌為善，謊言欺世，它的邪惡本質絕無改變，它經由赤化亞洲而實行世界革命的目標也絕未放棄。我們可以斷言，毛共匪偽政權一日存在，亞洲就不會真有一日的寧靖。因之，在此貴聯盟大會以尋求「亞洲安全、自由與進步」為莊嚴任務的時刻，我們甚願提供一些我們的基本看法：

——亞洲的安全，必須是在亞洲國家團結互助，合力肅清亞洲的禍根亂源——毛共集團以後始能獲得；

——亞洲的自由，有賴亞洲人民認清自由遭受威脅的所在，於粉碎滲透顛覆的共黨侵略以後方能確保；

——亞洲的進步，也唯有在摧毀奴役人民的共黨暴政，亞洲各國可以推誠合作，共謀繁榮發展以後才能實現。

然而今天我們引以為慮的，是自由世界受到毛共笑臉攻勢的麻痺，混淆了敵友界限，錯亂了反共的步調，乃至使亞洲以至全球的反共防線出現嚴重的缺口！為了保障我們亞洲的安全、自由與進步，我們就必定要盡全力來及時消除此一危機。

我們必須指出：自由與奴役決難並存，民主與極權絕不相容。共產集團赤化世界、奴役人類的野心既不會改變，任何與虎謀皮，引敵為友的想法與作法，不但不會為世界和平帶來任何轉機，相反的，只有更加助長共黨的凶燄，加深世界的動亂。

我們也須指出：共黨所謂的「和平共存」，原是進行鬥爭的另一型態，使對方在虛幻的和平錯覺中自陷於

癱瘓，然後，聽任共黨另一次政治的或軍事的攻擊。

我們更願指出：毛共的陰謀狡猾，全無誠信，在它過去的昭昭劣蹟之中，早已暴露無遺，如果自由世界並不健忘，當能記憶就在亞洲的若干國家，曾經想用姑息攏絡的手段，來換取與毛共之間和平相處，其結果只是引狼入室，遺患無窮。

基於以上這些經驗以及歷史的痛苦教訓，我們不能沒有責任再度敦促所有愛好自由的國家和人民，必須堅持正義，堅守原則，堅定立場，徹底放棄姑息的做法，為維護民主自由，謀致世界和平，重新建立起一條堅強的全球性反共防線！

同時，我們更有責任促請面臨毛共直接威脅的亞洲自由國家，在撲滅共同禍害，覓致整體安全的大前提下，必須彼此加強政治、經濟、文化乃至防衛的合作與聯繫，在同一條戰線，循同一個方向，同一步驟，來達成謀求亞洲安全、自由與進步的共同願望！

各位女士、先生，我們總統又曾指出：「亞洲共禍，始自中國大陸，亦自必終於中國大陸；亞洲共禍由中國共禍之倖逞而勃發，亦必須由中國共匪之滅亡，而後方能根除」。所以消滅毛共，弭平禍亂，於中華民國是無可旁貸的神聖責任，也是多年以來我們一貫堅持的基本國策，本人在此願再鄭重表明：無論赤焰如何囂張，世局如何演變，我們踐履這一責任的立場、信心與行動，絕不改變，絕不動搖，絕不中止！

亞洲在人類文明的進步與世界和平的維護上，有著光輝燦爛的歷史與不可磨滅的貢獻，今後仍將負重致

遠,繼往開來,作更多更大的貢獻。我們深信,以亞洲
人靈敏的智慧,必將由亞洲局勢的澄清導引世局回趨光
明;以亞洲人民傳統崇尚和平自由的正義力量,終必戰
勝共黨暴虐極權的邪惡勢力。願我們都能珍視「亞細
亞」這個名稱的由來,以身為亞洲人為榮,共為衛護這
一如日之昇、光芒萬丈的標誌,謀求亞洲永久的福祉而
努力!

　　本人深知:出席貴聯盟本屆大會的代表先生,都是
亞太各國堅強的反共領袖,以各位高度的睿智,崇隆的
聲望,與傑出的領導,必能為亞洲人民的反共運動,開
拓更為寬坦的大道。

　　敬祝大會成功,諸位健康愉快,亞洲反共勝利!
　　謝謝各位。

8 月 22 日　星期三

上午

七時,與三軍官校暨政治作戰學校應屆畢業學生會餐,
並於餐後接見四校校長。

八時,主持三軍官校暨政治作戰學校學生聯合畢業典
禮,勉勵畢業學生效法總統精神,做一個革命軍人,拿
行動實踐來建立理想的國家。

中午

十二時,以午餐款待美國幸福雜誌前任高級編輯墨斐。

下午

四時三十分，接見黃杰、袁守謙、高魁元、賴名湯。

五時，接見菲律賓情報安全總署總署長維爾及史瓦濟蘭地方行政部部長馬西哲拉王子。

五時三十分，接見出席亞盟第十九屆大會各國首席代表、觀察員及演講人等三十人。

晚間

八時三十分，出席陳大慶治喪籌備會。

主持陸海空軍軍官學校及政治作戰學校聯合畢業典禮講話

效法總統，做一個革命軍人

　　今天三軍官校和政戰學校舉行聯合畢業典禮，對於各位畢業同學來說，今天雖然是大家畢業的日子，卻同時也就是大家成為國軍軍官、成為國民革命軍基幹，開始承擔革命責任的日子。我想大家都會有一個共同的體認，就是我應該如何作為一個國民命軍優秀的基幹，應該如何成為一個現代化的革命軍人，應該如何踐履對於革命歷史的責任。

　　大家都知道，國民革命軍是總統奉國父之命所一手創建的，五十年來，在總統英明的領導之下，創造了光芒萬丈的革命歷史，可以說國民革命軍和我們國家民族的命運息息相關，而總統的睿智、精神和意志，更是和國民革命軍血肉相連。我們國軍袍澤尊稱總統為國民革命軍之父，就因為總統睿智、精神和意志，實在是我

們國民革命軍人人所當效法的偉大領袖。因此，在今天
大家畢業的時候，我們為大家開拓遠大的前程而祝賀，
同時，也要以「效法總統，做一個革命軍人」這一個題
目，來勉勵大家。

我們如何效法總統，做一個革命軍人呢？根據我的
看法：

第一、總統的愛國精神是和革命精神合而為一的，
所以總統這一熾烈的愛國精神，化為革命的行動，不到
廿歲，就追隨國父，參加了推翻滿清無數次轟轟烈烈的
戰役，而創建了今天的中華民國。正由於總統熾烈的愛
國精神和革命精神的結合，所以總統的革命志事，是急
國家民族之急，念茲在茲，要使我們民族繁榮，國家興
復。總統常說，心心念念，只有全民的福祉安寧，個人
利害出處，毫不縈心，這就是總統對於我們國家民族一
種人格的領導，這種人格的領導，是愛國精神的總的體
現，實在是我們做為一個革命軍人所當一致效法的。

第二、總統的愛國精神和革命精神所結合而成的偉
大人格，另一方面的體現，就是對於國父的服從。總統
當國父健在的時候，視國父為父師，不僅一切言行云
為，都效法國父，國父的命令和交付的任務，都一一貫
澈，即使有人污蔑國父，總統立即就加以斥責，毫不容
情，總統認為這種對領袖一心一意的服從精神，是革命
軍人的基本要求，否則即不成其為革命軍人。而總統受
國父的付託，真是「親承提命之切，久受非常之任」，
在國父去世以後，繼續完成國父遺志，澈始澈終，五十
年如一日。總統有一段話，說得非常懇摯。總統說：

「終身秉持遺訓，一以繼志承烈，保衛民國，實行主義，發揚我文化，光大我歷史，掃除我國民革命一切障礙，以答作育深恩於萬一，此則一片耿耿精忠，自矢不逮國父之遺志不止，不竟國民革命之全功而不止」。這一段話刻劃出了總統一生服從國父，忠於國父的堅定的性格和感人的人格，我認為這種偉大的性格和感人的人格，尤其是我們革命軍人所當效法的。

第三、總統一生忠於國父，也就是忠於主義。所謂「夙夜匪懈，主義是從」，本來主義是一種思想，一種信仰，一種力量，總統認為三民主義是國父思想的結晶，是我們建國的中心信仰，我們一定要把這種思想、這種信仰化成為力量，用這種力量，篤實踐履，一一完成，來實現主義的理想。所以總統提倡力行哲學，說力行就是革命，也就是要我們拿行動和實踐作為革命的方法，來建立理想的國家。因為有了國父所手創的三民主義，作為我們國民革命的精神標竿，只要堅定信仰，樂觀奮鬥，自然能夠堅百忍以圖成。總統自己對於國父思想融會貫通，闡發宏揚，認為這還不夠，所以他一生之中，無時無刻，不是以實現三民主義的全面建設為職志。我們每個人都常常讀到總統宏揚主義的訓詞，也都常常看到總統對於國家建設的策劃和指導，總統這種忠於主義，實踐理想的精神，也就給我們革命軍人樹立了一個效法學習的榜樣。

第四、總統力行哲學的基礎，簡截來說，就是總統常說的「堅苦卓絕」的精神。記得總統曾經向國人講過一段感人肺腑的話，總統說：「自顧一生，實無時不在

患難、艱危、誣陷、滲透、顛覆、出生入死之中、屢失敗、屢成功、愈失敗、愈成功、累積了無數成敗生死，交織而成為一個不倒的老兵」，總統繫國家民族安危之重。這種堅忍不拔的毅力、信念和精神，帶著我們全國軍民，轉危為安，轉弱為強，突破了無數的艱難，開拓了重建的新局，走上勝利成功的大道。總統不折不撓、不成不止的精神，所給予我們的啟示，就是我們做為一個革命軍人，不僅要效法總統的堅忍，尤其要學習總統在堅忍之中所表現的定力和定見，有了定力和定見，才能不為外物所移，才能不為橫逆所懼，才能不為一時的困難挫折所動搖，屢失敗，屢成功，愈失敗，愈成功，而堅持奮鬥到底。

第五、前面講過，國民革命軍為總統一手所創建，總統的偉大人格就是國民革命軍奮鬥成功的象徵。總統的精神領導，使軍成為一支鋼鐵般的軍隊，而總統的軍事思想和作為，更使國軍成為一支現代化的軍隊。總統的軍事思想，是系統性的軍事思想、革命的軍事思想、現代化的軍事思想。總統的建軍，是要我們有獨立自主的意識，有適應需要的條件，有協同一致的精神，有研究發展的潛力，綜合來說，就是要求行、求新、求本、求生。而總統的戰略戰術思想，尤其反共的政略戰略的眼光遠大。今天國際間無不認為總統實在是世界性的軍事領袖。總統的軍事教育思想，是要求每一軍官都能融合哲學、科學和兵學，要求每一軍中青年成為文武合一的青年，要求每一主官，一方面要愛護部屬無微不至，一方面要嚴訓精練，使人人成為勇敢的戰士。所以

總統曾訓示三軍官校和政戰學校的同學，要能在鋼鐵般
澈底的革命教育之下，以革命的學問，相互砥礪，以革
命的志事，相互扶持，同一生命，同一歷史，同一事
業，同一行動。總統認為如果國民革命軍子弟人人都能
如此，那我們復國建國大業不發動則已，一旦發動即必
能獲得驚天動地的成功。這一訓示，也就使我們更加深
刻體認到總統對於國民革命軍建軍精神要旨之所在。我
們作為革命軍人，效法總統，就要能不負總統的期望，
達成總統的建軍要求，更進一步深切認識總統的軍事思
想，修養自己成為一個現代化的革命軍人。

　　黃埔的精神，就是國民革命軍的精神。記得十年以
前，總統勉勵三軍青年軍官，黃埔的精神就是犧牲的精
神，團結的精神，負責的精神，後來又補充了研究發展
的精神，實事求是的精神，貫澈始終的精神。今天我們
一一的研究，可以深切的了解，總統的革命一生，就是
這許多精神的不斷發揚，我們效法總統，做一個革命軍
人，就要把總統的革命精神作為我們的革命精神，把總
統的革命志事，作為我們的革命行動，團結在總統的四
週，服從總統的領導，我們不但能夠勝利成功，而且必
然是澈底的勝利成功。

　　今天大家畢業了，但這只是一個教育階段的結束，
卻是又一階段新的教育的開始，今天這一段話，就作為
我贈送大家的賀禮。

8 月 23 日　星期四

上午

八時三十分，接見巴貝多總督史可特爵士。

九時，主持行政院院會，提示：

一、經濟建設工作，重在農、工、商齊頭併進，均衡
　　發展。

二、最近部份外來電影製片商拍攝以臺灣為背景影片，
　　其主題頹廢荒唐，情節粗俗低級，對我影響甚為嚴
　　重，教育部、新聞局及司法行政部調查局必須立即
　　予以嚴厲處分，並予追究是否別有用心。今後可規
　　定任何片商在臺灣拍攝電影，必須先將劇本送審，
　　正本清源。

十時三十分，主持行政院政治小組會議。

十一時四十五分，接見沙烏地阿拉伯駐華臨時代辦達
巴格。

8 月 24 日　星期五

【無記載】

8 月 25 日　星期六

上午

九時三十分，接見日本產業精神文化促進組織總裁中野
與之助。

8 月 26 日　星期日

【無記載】

8月27日　星期一

上午

八時三十分，接見美國駐華大使館副館長來天惠。

九時，接見美國眾議院多數黨助理領袖松永正行。

九時三十分，接見英國保守黨議員華爾。

十時，接見菲律賓環球新聞社董事長（前駐華大使）羅慕斯。

下午

五時三十分，接見美國律師柯克蘭。

六時，接見南非共和國安全局局長范登堡等。

六時三十五分，參加烏拉圭國慶酒會。

8月28日　星期二

上午

八時三十分，主持財經會談。

下午

五時，接見美國眾議員朗格。

五時三十分，接見韓國國會議員訪問團金裕琸等十一人。

8月29日　星期三

上午

八時三十分，接見巴哈馬觀光部部長梅納。

九時，訪晤立法院倪院長。

九時〇七分，出席中常會。

8 月 30 日　星期四
上午
九時，主持行政院院會。

下午
五時，接見賴索托財政暨工商部部長賽康雅那等。
五時三十分，接見美國眾議員助理訪問團歐格門等
九人。

8 月 31 日　星期五
上午
八時，接見在行政院暑期工讀服務之大專學生黃琪瓊等
八人。
八時四十五分，主持行政院慶生會，並授勳前法規委員
會主任委員李元簇。

下午
五時，以茶點招待參加國家建設研究會（第二階段）之
留學生熊光渭等三十人。

9月1日　星期六
上午

九時，接見美國白宮助理朱力克。

九時三十分，主持國防會談。

十一時十分，在松山軍用機場歡迎嚴副總統自巴拉圭返國。

十一時三十五分，至安東街探望陳故上將大慶遺眷。

中午

十二時，約吳大猷等共進午餐。

下午

六時十五分，參加韓國駐華大使館歡迎韓國議員訪問團酒會。

9月2日　星期日
【無記載】

9月3日　星期一
上午

九時，參加秋祭。

十時三十分，主持慶祝第十九屆軍人節，表揚國軍英雄模範大會暨國軍運動大會開幕典禮，頒獎國軍英雄及敬軍愛民模範，並勉勵全體國軍官兵，與全國國民緊緊地結合在一起，萬眾一心，在總統領導下，為國為民，不怕艱難，不惜犧牲，蓬蓬勃勃地建設，轟轟烈烈地戰

鬥，來完成確保臺澎金馬和反攻復國的神聖任務。

9 月 4 日　星期二

上午

八時三十分，主持財經會談。

十時三十分，拜會嚴副總統。

9 月 5 日　星期三

上午

九時，出席中常會。

9 月 6 日　星期四

上午

八時，接見臺灣省政府秘書長瞿韶華。

八時三十分，接見美國駐華大使館副館長來天惠。

九時，主持行政院院會，提示：

一、農復會擬商調服兵役之農科學生參加農業建設工
作，主意雖善，但為維護兵役制度中的「公平」原
則，國防部對此應慎加考慮。

二、青少棒及少棒代表隊，在世界大賽中分別衛冕成
功，參加世界工業技能競賽的青年工人獲得優勝，
其表現均屬難能可貴，希望有關機關給予適切妥當
的獎勵。

三、中秋節將屆，希望經濟部、臺灣省政府及臺北市政
府注意調節物資供應並穩定物價。為鼓勵繫留監所
人犯改過遷善，政府應表示適當的關切。

中午

十二時三十分，訪問屏東縣霧臺鄉山胞，並在社區活動
中心午餐。

下午

三時，巡視屏東縣九如鄉水稻收割情形。

四時十分，巡視屏東監獄，剴切地勉勵受刑人改過自
新，出獄後重新做人。

四時三十分，巡視屏東縣內埔鄉農會及屏東榮民之家，
並囑榮家主任對高齡榮民膳食，隨時研究改善。

9月7日　星期五

上午

六時，巡視鳳山陸軍官校入伍生團，並與該團師生共進
早餐。

七時三十分起，分別接見唐榮公司董事長吳嵩慶、大林
發電廠廠長程又昕、高雄港務局局長李連墀等。

八時三十分，聽取唐榮公司簡報，並巡視該公司中興合
金鋼廠及中興鋼鐵廠。

九時二十五分，巡視高雄港第二貨櫃儲運中心的六十六
號碼頭，第二港口開闢工程及外海防波堤興建工程。

十時二十五分，聽取臺灣電力公司大林發電廠簡報，並
巡視該廠新裝完成之第四部發電機及第五部發電機之安
裝工程。

十一時三十分，巡視高雄市政府。

中午

十二時十五分，巡視左營港口及新營隧道。

下午

六時五十分，參加巴西國慶國會。

9 月 8 日　星期六
【無記載】

9 月 9 日　星期日
上午

七時五十分，弔祭陳故一級上將大慶之喪，並參加安葬禮。

9 月 10 日　星期一
上午

八時三十分，接見新加坡財政部部長韓瑞生等、韓國副總理太完善等（並代表總統贈勳）。

十一時三十分，飛抵金門前線，轉達總統關懷德意，向戰地軍民祝賀中秋佳節。

下午

三時二十分，巡視金門金湖鎮新市里，訪問商民，並賀秋節。

三時三十分，巡視金門監獄，勉勵受刑人改過遷善，重新做人。

四時，巡視金門守備部隊。

五時三十分，巡視離島復興嶼，並與駐防官兵共進晚餐。

9月11日　星期二
上午

六時十分，巡視金門金城市場。

六時三十分，巡視金門第三士官學校。

七時，與防守部隊旅級以上幹部共進早餐。

9月12日　星期三
下午

六時二十分，參加韓國駐華大使館酒會。

9月13日　星期四
上午

九時，主持行政院院會，提示：

一、糧食問題，要確實把握「增加糧食生產」及「充分掌握糧食」之原則。

二、今後工業及房屋建築用地，宜向山坡地帶發展，良田不可變更用途，同時對於與糧食生產有關之品種、水利及肥料等問題，應不斷研究改進。

三、隨賦收購稻穀之定價，必須合理；執行的辦法，尤要便民。

四、希望國防部在不妨礙戰備訓練的原則下，訂定經常的助耕制度實施。

院會後，聽取交通運輸簡報，並指示積極消除公路交通瓶頸。

下午

四時三十分起，分別接見新生報董事長王民、交通大學工學院院長盛慶琜及中央大學理學院院長李新民等。

五時三十分，以茶點接待中央黨部秘書長及立委黨部書記長、監委黨部書記長、國大黨部書記長等。

9 月 14 日　星期五
下午

五時三十分，接見美國國防部主管國際安全事務助理部長奚爾。

9 月 15 日　星期六
上午

十時起，分別接見立法委員郭登敖、程滄波。

十一時，接見甘比亞國會議長鍾斯、議員沙奈。

下午

六時五十分，參加瓜地馬拉國慶酒會。

9 月 16 日　星期日
上午

八時，以早餐款待美國國防部主管國際安全事務助理部長奚爾。

9月17日　星期一
上午

八時三十分，參加考試院孫故院長科治喪會。

下午

五時三十分，接見考試院副院長楊亮功。

9月18日　星期二
上午

八時三十分，主持財經會談。

下午

五時起，分別接見立法委員吳延環、梁肅戎。

9月19日　星期三
上午

九時，出席中常會。

下午

四時三十分起，分別接見立法委員陳顧遠、程烈、臧元駿、張子揚。

9月20日　星期四
上午

八時三十分，接見約旦新任駐華大使納薩貝。

九時，主持行政院院會。

下午

四時三十分起，分別接見立法委員趙珮、謝仁釗、蕭贊育、張志智及政治大學校長劉季洪。

9 月 21 日　星期五

上午

八時四十分，主持國軍人事、教育檢討會。

下午

四時三十分起，分別接見中央研究院院長錢思亮、台航董事長黃錫麟及新任駐宋卡總領事朱震球。

9 月 22 日至 23 日　星期六至日

【無記載】

9 月 24 日　星期一

上午

九時三十分，接見印尼外交部部長馬立克。

中午

十二時，與參加政戰檢討會人員共進午餐。

9月25日　星期二

上午

九時，列席立法院五十二會期第一次會議，提出口頭
施政報告，指出：「我們的道路是：堅持反共鬥爭致
底」，並重申政府的堅定立場——絕不與匪共和談；同
時號召毛共官兵伺機起義，俾與國軍裡應外合，推翻共
匪暴政。今後政府的施政，將強化內政，建立一誠實而
有為的政府，決心剷除特權份子、官僚作風及奢侈生
活、落伍做法，以革新進步作為推動政務最高準繩；決
心加強經濟建設，穩定物價，以改善民生；在外交上，
以奮發圖強，開展外交新局面，為今後努力重點；在國
防上，將以強化復興基地防務，創機反攻大陸為中心
目標。

下午

三時，列席立法院會議。

六時三十分，參加行政院及立法院聯合會餐。

七時二十分，參加臺北市市長招待阿公阿婆之餐會，並
問候致意。

9月26日　星期三

上午

八時三十分，在臺中成功嶺基地，聽取大專學生暑訓簡
報、巡視學生集訓情形，勉勵學生要堅定毅力志向，克
服任何困難和險阻，認清時代青年的使命，和國家共患
難，和民眾共甘苦，開闢民族國家的光明前途。

十時三十五分，巡視青山發電廠及達見水庫。

下午

一時三十分，訪問佳陽村及環山村山胞。

三時四十分，在武陵農場，巡遊國父山瀑布，並訪問農家。

9 月 27 日　星期四

上午

八時三十分，巡視梨山文物陳列館。

九時三十五分，巡視梨山福壽山農場。

十時三十分，巡視東勢駐軍營區。

十一時三十分，在中興新村臺灣省訓練團，以中國國民黨中央常務委員身份，與臺灣省黨部第九次全省代表大會與會代表共進午餐；勉勵全體同志要和群眾結合在一起，了解民間疾苦，解除民眾困難，憑藉思想、團結、奮鬥，爭取勝利，以完成黨的歷史任務。

9 月 28 日　星期五

上午

十時，出席中樞紀念孔子誕辰典禮。

中午

十二時三十分，參加總統夫人歡宴教授、教師之午宴。

下午

六時，弔祭孫科院長之喪。

9月29日　星期六

上午

八時，參加孫科故院長追思禮拜。

十時，接見印尼國防部情報廳廳長蘇胡德少將。

十一時三十分，在臺北市立殯儀館為孫科故院長棺木覆蓋國旗。

下午

四時三十分，以茶點款待世界華商貿易會議全體海內外代表，轉達總統慰勉之意，深望代表們，發揚中國商人誠信無欺的傳統美德，團結合作，為建設國家、促進經濟建設和貿易的發展而努力。

9月30日　星期日

【無記載】

10 月 1 日　星期一

上午

七時，恭送總統夫人赴美。

九時，以茶點款待日本國會議員訪問團團長灘尾弘吉及全體團員，並發表談話指出：保衛亞洲安定世界為我國軍民奮鬥目標，中日國民應合力護衛民主自由。

十時，拜會嚴副總統。

十一時，接見美國太平洋區陸軍總司令班納特上將。

十一時三十分，接見美國海軍第七艦隊司令史迪爾中將。

接見日本國會議員訪問團發表談話

這一次諸位在政務繁忙之餘，為了中日兩國民間的友好及信義而努力，能不辭辛苦，組織訪問團前來中華民國訪問，今天和諸位先生在此見面，首先要表達我們的歡迎之意。

回顧中日兩國斷絕邦交到今天，整整是一年的時光。我們在中華民國政府對日斷交的聲明之中，即曾經說過：「我們雖和日本政府斷絕外交關係，但對所有日本反共民主人士仍將繼續保持友誼。」我們這種態度始終沒有改變。

記得在中日斷交以前的一段時期，我們曾向日本政府的代表提出警告，希望日本政府能辨是非，明利害，認清敵友，為明智的抉擇。今天我認為仍有向諸位先生擇要敍述的必要：

一、中日戰爭結束的時侯，蔣總統對日本採取寬大政

策，係鑒於中日關係影響亞洲與世界的安全，並就
東方傳統的道義精神著眼。日本與共匪「建交」，
就會破壞整個亞洲的安全。共匪視日本為其在亞洲
的主要敵人，日本和它「建交」，適足助長其赤化
亞洲的氣燄。共匪受此鼓勵，更將積極推行其對亞
洲鄰邦的擴張政策，使整個亞洲動搖，終將危害日
本。日本政府對國家的安全和亞洲的安危均有責
任，故應自覺。

二、日本在近代史上，曾鑄下三次大錯。一為九一八事
件，一為蘆溝橋事件，另一為珍珠港事件。承認共
匪就是鑄下第四個大錯。日本此舉將會為其本身以
及亞洲與世界帶來無窮的災害。日本對中華民國背
棄道義，背信毀約，日本應對歷史負責，而亞洲人
更將會為此作證。

三、無論從政治、經濟或防衛方面檢討，日本均無與共
匪「建交」的必要。相反的「建交」之後，朝鮮半
島就會發生問題。對於東南亞各國甚至澳紐都要受
到影響。至於經濟貿易等問題，還是次要的因素。

四、蔣總統和我們政府的基本政策，是要對日本維持長
遠的友好關係。

五、我們對剷除共匪叛亂集團與恢復大陸同胞的自由，
乃是一種不容他人剝奪的權利，也是我們自己不能
推卸的神聖責任。在任何情形之下，我們必定奮鬥
到底。因此我們決不和共匪妥協，也絕對沒有談判
的可能。

以上幾點是我們去年在斷交前對日本政府的代表所

表示的意見。這個政策我們將堅持不變。事實上，一年來的情勢，處處都證實了我們當時所提出的警告是正確的。尤其是日本和共匪「建交」以後，對日本本身政治經濟的威脅，即已更為加深。

　　諸位先生以往對我們就非常友好。尤其在過去的一年當中，雖然在政治環境裡遭遇許多困難，但始終為自己的信念，為我們兩國的友好關係，奮鬥努力。這種對道義的尊重和信念的堅定，也正表示了諸位先生都具有傳統的日本精神，這是我所佩服的。

　　我們中華民國自從一九七一年以來，在外交方面，確曾不斷的受過挫折。但是在蔣總統的領導下，我們自由地區一千五百萬軍民不但沒有失去信心，而且莊敬自強，日益奮勉。這幾年來我們的各級選舉均遵照憲法施行；有才能的人亦都能獲得政府登用。我們實施民主憲政的規模，更已有目共睹。在農工商業上我們不斷努力，目前民食充裕，人民安居樂業；出口日增，今年的對外貿易額，預計可超出七十四億美元，因此我們的社會是安定的，經濟是繁榮的。在軍事上我們也隨時精進充實，加以士氣高昂，因此我們的防衛是堅強的。以上這些事實，諸位先生在訪問期間當可隨時隨地的看到或感覺到。

　　總而言之，我們中華民國全體軍民的努力奮鬥，不但是為了我們的前途，我們還有一個遠大的理想，就是保衛亞洲和安定世界。目前亞洲禍亂的根源，就是共匪。現在共匪內部奪權鬥爭，愈演愈烈。情況空前混亂，而它的經濟則更瀕於破產。共匪在本質上是黷武

的，殘暴的。它的對外擴張和輸出共產革命決不會停
止。諸位先生是決心護衛民主、和平與自由的。和我們
具有相同的理想與信念，為了保衛亞洲，安定世界，今
後我們必須把力量聯合起來，團結起來，不斷的加強中
日兩國的民間關係，這是我們共同的責任。

　　我們還以為現在擺在日本人民前面，只有兩條道
路，第一條路是受共匪的擺佈牽制，使日本日趨混亂，
以致不可收拾；第二條路就是擺脫與共匪的關係，和自
由世界站在一起，來消除國內混亂不安的情形，重建有
秩序而繁榮的社會。相信日本明智之士，在這個歷史性
決定性的關鍵時刻，必能下定決心，選擇第二條道路，
這一看法，也就是我們為日本前途，為亞洲安全設想的
諍言。

　　最後，謝謝諸位先生光臨，並祝旅行愉快。

10月2日　星期二

上午

八時三十分，接見考試院副院長楊亮功。

九時，列席立法院會議。

下午

三時，列席立法院會議，於答覆質詢時，表示：

一、興建北迴鐵路，是政府既定政策，現正慎重規劃路
　　線，以期一勞永逸。

二、政府重視勞工權益，將有效改善勞工生活。

中午

十二時三十分，應邀參觀美國海軍第七艦隊司令旗艦奧克拉荷馬城號。

下午

六時三十分，參加美國海軍第七艦隊司令史迪爾中將酒會。

10 月 3 日　星期三

上午

八時，約日本國會議員訪問團團長灘尾弘吉等七人共進早餐。

九時，出席中常會。

下午

六時三十分，參加泰國駐華大使館歡迎泰國國會議長詩里將軍酒會。

10 月 4 日　星期四

上午

九時，主持行政院院會，提示：

一、僑委會等有關機關，對返國參加十月慶典僑胞，應妥予接待，務使僑胞們有如歸家園之感。

二、本學期國民中、小學開學後，尚有部分學生領不到教科書的情形，希望教育部從下學年開始，切實做到國中教科書統編統印要求。

三、政府已禁止紙張出口，但未限制紙張加工後出口，因此，日商利用我國較廉的紙價及工資加工後出口，引起許多問題，希望經濟部密切注意。

四、立法委員對行政院所提質詢，凡應立即辦理或可立即付諸具體實施事項，宜儘速辦理。

五、日本電影早已不准輸入，但在其他藝術和文化部門，是不是仍有不良作品滲入，亦須加以注意。

六、各機關應開始對今年工作得失，加以檢討；同時也對明年的工作，預為策劃準備。

十時三十分，約財政、經濟兩部部長、主計長、臺灣省政府主席、糧食局局長及臺北市市長、建設局局長等座談。

10月5日　星期五

上午

九時，列席立法院會議。

下午

三時，列席立法院會議，於答覆質詢時表示：

一、政府對農工商業，務求均衡發展，在糧食政策方面，要提高糧產、平抑米價，達成糧食自給自足，並對農民收益採取保護措施。

二、政府十分注重青年問題，除了吸收青年到政府機關工作外，並鼓勵輔導青年創造其自己的事業。

10 月 6 日　星期六
上午

八時起，分別接見美國海軍陸戰隊司令柯西曼上將、泰
國國會議長詩里等、約旦中央銀行總裁納布希、印尼財
政部部長阿里。

十時，參加中央政策委員會預算審查會議。

下午

六時三十分，至天母訪晤葉公超先生。

10 月 7 日　星期日
上午

八時，以早餐款待泰國國會議長詩里等。

九時，接見新加坡科學及工藝部部長杜進才。

10 月 8 日　星期一
下午

五時，接見泰國空軍總司令汶趨上將。

五時三十分，接見高棉國防部部長烏賽少將等。

10 月 9 日　星期二
上午

九時，列席立法院會議。

下午

三時，列席立法院會議，於答覆質詢時表示：

一、對不法商人囤積居奇、趁火打劫行為，政府將依法
　　嚴懲。

二、現存物資充裕，足夠國內需要；今後在必要時，對
　　民生重要物資，將嚴予控制。

三、政府處理物價問題，將本四項基本要求：控制預
　　算、保持幣值、掌握物資、鼓勵生產。

四、政府將從發展山地交通和改進山地農產品運銷制度
　　著手，以改善山胞生活。

10月10日　星期三

上午

九時，參加全國各界慶祝國慶大會，並對記者抒感：
「風雨同舟祝國慶，自強奮鬥興中華。」

十時，出席中樞國慶紀念典禮。

下午

五時十分，參加圓山飯店開幕酒會。

五時四十分，參加外交部國慶酒會。

10月11日　星期四

上午

八時三十分，代表總統主持新任駐烏拉圭大使陳雄飛及
新任駐史瓦濟蘭大使翟因壽宣誓。

九時，主持行政院院會，提示：

一、昨日上午二十五萬群眾冒著疾風驟雨，在總統府
　　前廣場集會慶祝國慶，顯示出我們對於中華民國的

前途，充滿了希望和信心。政府在過去一年之中能夠推行許多重要工作，就是得力於民眾的了解和支持，希望大家了解並繼續以此「風雨同舟」的精神，努力以赴。

二、娜拉颱風使東部地區遭到嚴重災害，應全力從事救護工作，儘速恢復交通，並平價供應食米，以防止不肖商人哄抬。今後對防颱工作，應隨時注意多作準備，以減少損害。

三、檢討過去一年來的行政工作，在大原則、大方向方面，我們都能把握政策，並收到了預期效果；但在若干小的枝節上，政府和民眾均受損害。今後各部會及省市政府應注意最易忽略之死角，早作防範。

四、掌握重要物資與鼓勵和幫助工商業者大量進口工業生產原料，為目前兩項重要工作。

五、肥料增產分配、國中國小下學期之教科書印發及紙張供應和節約諸問題，有關機關應即開始作業，擬訂妥善計劃。

下午

四時三十分，接見哥倫比亞國防部部長古雷亞等。

五時，主持情治首長座談。

六時三十分，訪晤考試院副院長楊亮功。

10 月 12 日　星期五

上午

九時，列席立法院會議，於答覆質詢時表示：

政府決盡最大力量，提前完成南北高速公路，工程力求
安全、堅固，並防止一切浪費，根絕任何弊端。

中午
十二時三十分，以午餐款待美國自由中國協會主席周以
德夫婦及美國耶魯大學教授饒大衛。

下午
三時三十分，參加總統招待僑胞茶會。

10月13日　星期六
上午
八時三十分起，分別接見尼日外交部部長沙波、巴拉圭
駐華兼使安思壽、哥倫比亞安全局局長奧東逎斯、亞洲
蔬菜研究中心主任江德樂、臺中港建設委員會主任委員
廖文毅、新任駐烏拉圭大使陳雄飛及新任駐史瓦濟蘭大
使翟因壽。

10月14日　星期日
【無記載】

10月15日　星期一
上午
八時，弔祭李石曾先生之喪。

10 月 16 日　星期二

上午

九時，拜會嚴副總統。

十時十五分，恭迎總統夫人返國。

10 月 17 日　星期三

上午

九時，出席中常會。

10 月 18 日　星期四

上午

八時，主持財經會談。

八時三十分，接見越南政戰總局局長陳文忠中將等。

九時，主持行政院院會，提示：

一、在多變的世局中，中東戰爭再度爆發，實有其國際
　　間錯綜複雜的因素。我們必須根據既定國策，冷靜
　　沉著地來妥切因應一切可能的變化，並充份注意到
　　時間性。一切政務如都能做到新、速、實、簡，則
　　必能開創反攻復國的機運。

二、不管今後外在環境如何變化，政府一定要以最大的
　　力量，穩定物價。

三、花蓮、臺東、宜蘭三縣在此次風災中受創甚巨，希
　　望臺灣省政府督導有關機關，妥善辦理救護和重建
　　工作。今後任何重要工程建築，務必要做到堅固耐
　　用；水土保持工作，應全面做好。

下午

五時，接見美國駐華大使馬康衛。

10月19日　星期五

上午

八時三十分，主持財經會談。

中午

十二時，參加陸軍特種黨部會餐。

10月20日　星期六

上午

八時，接見日本眾議員毛利松平。

八時三十分，代表總統授勳行政院前副秘書長瞿韶華。

九時，主持國防會談。

十時三十分，至考試院賀楊院長亮功新職。

十時四十五分，在歷史博物館接見日本前首相佐藤榮作夫人及日本名作家川端康成夫人，並參觀川端康成文藝生涯展覽。

10月21日　星期日

下午

一時三十五分，代表總統夫人接見日本前首相佐藤榮作夫人。

10 月 22 日　星期一
上午

九時起，分別接見新當選之立法委員邱仕豐等十一人。

下午

四時起，接見新當選之立法委員蕭天讚等八人。

10 月 23 日　星期二
上午

九時，主持財經會談。

10 月 24 日　星期三
上午

八時三十分，接見泰國駐華大使薩農。

九時，出席中常會。

10 月 25 日　星期四
上午

九時，參加在臺中市舉行之臺灣省光復二十八週年慶祝大會，勉勵全省同胞團結進步，收復大陸，重建中華。

並以「陽光普照迎勝利」，象徵國家前途光明遠大。

九時二十分，徒步巡視臺中市區，垂詢物價及民眾生活情形。

十時三十五分，接見中興大學校長羅雲平。

中午

十二時，在中興新村與嚴副總統及臺灣省政府主席謝東閔共進午餐。

下午

二時二十分，巡視瑞竹林業生產合作社、瑞竹國小，並訪問竹山及鹿谷鄉農友。

10月26日　星期五

上午

九時，巡視南投鳳凰山茶園、鳳凰國小，並訪問商民。

中午

十二時四十分，與臺灣省政府主席謝東閔共進午餐。

下午

二時四十分，巡視臺中港建港情形。

三時五十分，巡視臺中縣梧棲鎮公所。

10月27日　星期六

上午

九時，在遠東百貨公司參觀美國商品推廣展覽。

十時，主持財經會談。

十一時三十分，接見美國巡迴大使甘乃迪。

中午

十二時三十分，以午餐款待美國巡迴大使甘乃迪。

10 月 28 日　星期日
【無記載】

10 月 29 日　星期一
上午

八時，以早餐款待新加坡副總理吳慶瑞。

十時起，分別接見中央日報社長楚崧秋、聯合報發行人王惕吾、經濟日報社長閻奉璋及英文中國日報社長丁維棟。

下午

五時，以茶點款待北部地區退休大專教授嚴智鍾等一百多人，讚佩教授們誨人不倦、發皇文化、為國育才的成就；並深信今後教授們一定會以自己的智慧、學問和經驗，繼續為國家社會提供更多更大的貢獻。

六時三十分，參加泰國駐華大使薩農惜別酒會。

10 月 30 日　星期二
上午

八時四十五分，主持行政院慶生會，勉勵人人報答國澤親恩，並講述總統孝思敬心與存養涵泳之三則故事，期勉大家效法。

九時，接見韓國國會議員白斗鎮等四人。

十時，接見日本前首相岸信介等十三人。

下午

四時三十分，接見旅港軍校同學回國祝壽代表團團長袁滌清等十人。

五時，以茶點款待國軍文藝獎得獎人暨電影金馬獎得主，並提示：

今後文藝、影劇努力的方向，在飲水思源，以做中國人為榮，鼓舞信心，創造光明的前途。

10月31日　星期三

上午

八時三十分，主持行政院恭祝總統華誕大會。

九時二十分，至臺大醫院探望李濟教授。

十時，參加僑胞恭祝總統華誕大會，讚揚全僑一心，氣勢之壯，前所未有；並勉勵全體僑胞，堅強奮鬥，永不氣餒。

十時三十分，主持糧食肥料問題座談會。

下午

四時，聽取南北高速公路工程局工程簡報。

五時四十分，赴榮民總醫院探望張志智。

11 月 1 日　星期四

上午

八時三十分，接見沙烏地阿拉伯駐華代辦夏博克希。

九時，主持行政院院會，提示：

一、關於肥料產銷問題：

（一）各公民營肥料工廠，均應盡最大力量增加生
　　　產，所需原料，經濟部應儘量設法進口，臺肥
　　　六廠之換機工作，經濟部應督導儘速辦理；另
　　　經濟、財政兩部應設法自國外進口肥料十噸儲
　　　存，以供調節之用。

（二）今後肥料配售，除臺糖甘蔗用肥外，一律應由
　　　臺灣省糧食局統籌辦理，並由農復會及省農林
　　　廳、糧食局會訂施肥標準。

二、南北高速公路全線之工程設計，應儘速完成，所需
　　土地，務於六十三年七月一日前全部取得；主要
　　工程，應儘先興工；工程所需水泥、鋼筋、瀝青
　　等，應有全盤性具體之需求計劃。為顧及物價波動
　　及人力分配問題，應儘可能由中華工程公司及榮工
　　處承包。

三、未來五、六年中，重要經濟建設，需要集中資金及
　　人才，優先使用，主管機關應將各項重要計劃進度
　　詳細擬訂，並加管制。

四、通勤學生的交通問題，必須重視，並予研討改進，
　　以確保安全。

五、基、高兩港擁塞，影響甚為嚴重，應即研究可行辦
　　法改進之。

十一時三十分，接見旅港蘇浙同鄉會回國祝壽團徐季良
等十八人。

下午

三時十分，參加黨政關係座談會，在會中提出「同榮
辱、共成敗」六字，希望行政、立法兩院今後本此精
神，共建法治的國家。

六時三十五分，參加越南國慶酒會。

11月2日　星期五

上午

八時三十分，約蔣廷黻夫人等共進早餐。

十時起，分別接見美國花旗銀行董事長龐墨爾、印尼國
會副議長那羅等。

下午

六時十分，參加韓國駐華大使館歡送韓國議員訪問團
酒會。

11月3日　星期六

上午

十時，巡視基隆港碼頭裝卸作業情形，對碼頭工人之辛
勞，表示慰問之意；後續巡視大沙灣漁港，垂詢漁民生
活情形。

下午

六時三十五分，參加巴拿馬國慶酒會。

11 月 4 日　星期日
【無記載】

11 月 5 日　星期一
上午

九時起，分別接見旅美學人李卓皓、薩爾瓦多外交部部長波多諾佛、美國女作家麥克雪莉女士。

十時三十分，聽取電視簡報。

下午

三時五十分，出席中常會。

11 月 6 日　星期二
上午

八時三十分，主持財經會談。

十時三十分，接見美國合眾國際社總裁比登、副總裁斐奇等。

11 月 7 日　星期三
上午

八時三十分，接見美國歐文銀行副總裁賴斯等。

九時，出席中常會。

中午

十二時，約黃少谷等共進午餐。

下午

四時三十分，接見宏都拉斯新任駐華大使莫西。

五時，主持南北高速公路工程會談。

六時，晤見考試院院長楊亮功、副院長劉季洪。

11 月 8 日　星期四

上午

八時，聽取經濟部石油、電力簡報。

九時，主持行政院院會，提示：

一、希內政部會同司法行政部及國防部研擬妥善辦法，
　　幫助真誠悔悟的犯人，使其重新回到社會後，不致
　　受到歧視、排擠。

二、法規會對法案之審查，應從法律觀點深入研究，仔
　　細核對，務使送達立法院之法案，在法理方面毫無
　　瑕疵。

三、希望經濟部會同有關單位研擬具體辦法，規劃現代
　　化的農產品運銷制度，以徹底革除中間剝削。

四、對能源供應問題，主管機關應即研擬適當的因應方
　　法和處理步驟，以渡過此一難關。

九時三十分，接見參加僑社工作研討會暨海外華文教育
研討會海外各僑居地代表。

十時十五分，飛抵金門前線巡視，慰勉駐軍官兵，垂詢
居民生活。

11 月 9 日　星期五

上午

八時，巡視金門縣政府，並聽取簡報。

八時四十分，巡視金門中學、金城鎮公所、自來水廠、農業試驗所及陶瓷工廠。

十一時三十分，巡視離島北碇島，並與駐島官兵會餐。

11 月 10 日至 11 日　星期六至日

【無記載】

11 月 12 日　星期一

上午

九時，出席中樞紀念國父誕辰暨慶祝中華文化復興節大會。

十時，出席中國國民黨十屆四中全會開幕典禮。

下午

二時三十分，出席中國國民黨十屆四中全會第一次大會，提出行政工作報告，強調團結堅定，不憂不懼，反共到底。期望全體黨員團結一致，在總裁領導之下，完成任務。並以吳稚暉老師的「用好人、交好友、讀好書」三句話，轉送在場旁聽之大專青年學生。

中國國民黨四中全會行政工作報告

　　本黨十屆三中全會以來，國際形勢連續的起了劇烈變化。由於姑息氣氛的籠罩，世局不僅一直是在動盪不

安之中，而且顯現一片迷惘。我們國家處境，在逆流衝擊之中，的確遭遇到許多艱難困阻。但是，我們全國軍民，在總裁「莊敬自強」「處變不驚」的偉大號召之下，不憂不懼，沉著肆應。

我們有冷靜的頭腦，審慎的判斷，堅定的立場，以剛毅來忍受拂逆的試煉，拿行動來突破一切的困危，用事實來粉碎敵人的陰謀。今天我們不但堅強屹立，而且站立得比過去更為穩固，更形團結！

這是我們革命精神與民族志節的高度發揮，也是我們衝破危難、中興復國的必勝徵兆！

溯自總理組黨建國迄今，本黨為國家的獨立、民族的生存、國民的自由，致力於國民革命，經歷過多少次的內憂外患，然而每當國家遭逢重大劫難，我們全黨、全國，也每必及時奮起，排除險阻，削平大難，使國家民族得以轉危為安，革命事業得以轉敗為勝。

今天又值世局多變，國家多難，本黨在此「風雨如晦，雞鳴不已」的重要時刻，召開十屆四中全會，再次激揚我們全黨同志、全國同胞奮起救亡圖存的大義血忱，為中興復國的革命大業，策訂行動方針。經國以從政黨員身分，向大會提出行政工作報告，內心實在是既感榮幸，尤感振奮！

我們深切體認：在革命奮鬥的過程中，我們必將經歷無數的痛苦煎熬，而且革命的任務愈重，需要忍受的痛苦必愈大！因此，在風狂雨驟的浪潮中，我們沒有驚惶；在濃雲瀰漫的境遇中，我們沒有迷失；在佈滿荊棘的途程中，我們沒有畏縮。我們始終執著必須把握的方

向，踏著應該舉步的道路，沒有氣餒，沒有動搖！

我們肯定認為：人類自由與世界和平，決不能以姑息邪惡、屈從暴力的妥協行動換取得來，尤不能以犧牲一部份人民的自由作為局部和平的代價。當此舉世徬徨在敵友不分、是非不明的十字路口，我們堅持反共立場，不與魔鬼交往，決心以反共前驅自任，乃是認定自由對奴役、民主對極權的戰鬥，沒有中間路線可走，沒有投機取巧可為。因之，我們為了維護民主自由、伸張正義公理、而求世界的持久和平，我們將不屈不撓的反共戰鬥到底，直到贏得最後勝利！

我們堅決宣示：近年世界的一切亂源，乃是毛共匪幫竊據中國大陸所造成，我們也無時不在懷念處於暴政之下的大陸同胞。因之，光復大陸，消滅毛共，不僅是我中華民國為解救全國同胞所應盡的神聖責任，也是我中國人民為貢獻世界和平所願盡的歷史任務。我們奉行三民主義，建設臺澎金馬，實現民有、民治、民享，使其成為我們民族復興的基地，也是要為未來新中國的建設繪好藍圖，恢復全中國人民自由生存的權利，與我們以及全世界自由人類共享和平康樂的生活！

我們深信，在七億中國人民的心目中，中國——
只有一個中國，那就是總理領導本黨創建的中華民國；
只有一個法統，那就是基於三民主義與全民公意所制定的中華民國憲法；
只有一個政府，那就是經由民主憲政程序合法產生的中華民國政府。

我們強固的信心，植基在：

我們有尊重人權、崇尚理性的三民主義，光輝照耀，是克制馬列邪說反人性、反理性的有力武器！

我們有自由民主的政治制度、安和樂利的社會組織、與欣欣向榮的經濟結構，為民造福，是激起大陸同胞反奴役、反極權的力量所自和希望所寄！

我們有散佈全球各地熱愛祖國的僑胞，忠誠堅貞，四海歸心。過去是國民革命的力源，今日是矢志反共的支柱，未來是復國建的後盾。

而使我們更有信心的則是匪黨本身的一團爛局，在它內部充滿著矛盾、分裂、衝突、內訌，和不斷的整肅、鬥爭之下，以我們團結、和諧、奮發、精進所加的壓力，匪偽政權隨時都能在一夜之間土崩瓦解。

當然我們也深知：反共的鬥爭，是我們國民革命最後的一戰、最艱苦的一戰，是一場攸關我們國家民族生死存亡的決戰，也是一場只許成功、不許失敗的血戰。

因之我們必須牢記總裁常常所昭示我們的：戰勝敵人，必先健全自己，壯大自己。在此決戰誓師前夕，我們必須埋頭苦幹，強固基礎，奮鬥不懈，厚植國力。一切作為，都應朝著擊潰敵人、光復大陸的總方向，實現三民主義於全中國的總目標，邁步前進！

依據這一目標，政府施政的基本方針，在求：

屬行憲政，弘揚法治，以鞏固國權，保障民權，進而恢復大陸人民應享的自由與權利。

本獨立自主精神，平等互惠原則，加強與所有愛好民主自由國家的聯繫，粉碎共匪在國際間的統戰陰謀。

強固國防，保衛國家安全，充實軍事整備，精練三

軍部隊，為反攻聖戰蓄積戰力。

健全經社發展，增進全民福利，以裨益民生，奠定社會安寧，並為未來建設三民主義新中國立好基礎。

本諸這樣的方針，配合將由全會制定的「黨的建設與奮鬥之提示」，我們一面以步步踏實的行動，糾集一切力量，加速推動各項建設；一面審度國際情勢，衡量敵我虛實，掌握機勢，爭取主動，為復國建國創生新力。

反共復國是我們在任何情況下永不改變的基本國策，我們絕不與匪妥協，絕不與匪談和，誓以堅忍弘毅、樂觀奮鬥的志節精神，來克服一切困難，完成復國建國的使命。

反共鬥爭原是自由對奴役的鬥爭、民主對極權的鬥爭，因此，推行憲政、弘揚法治與保障人權，也可以說是我們討毛滅共所要貫徹的一個最根本的目標。總裁曾經昭示：「維護憲法的有力行動，莫過於光復大陸；光復大陸的武器，莫過於尊重憲法」，我們要把復興基地的憲政之治，帶回大陸，使全體中國同胞解脫共產極權暴政的枷鎖，共享憲法所賦予的自由權利。

多年來政府一貫以實施民主憲政為我們的基本國策，雖然當前國家處境多艱，國際情勢多變，但在弘揚憲治與肆應世局之間，我們認為仍應兼籌並顧，此心此志，從未稍懈。所以三中全會之後，為強化中央民意機構，總統依據憲法臨時條款的授權，辦理自由地區增加中央民意代表名額的選舉，順利選出了一百一十九位中央民意代表，這一工作的完成，不僅為中央民意機構增

添了活力與朝氣，擴大了海內外自由地區反共愛國的人士參預國事、表達意見的責任與義務，也顯示了我們無懼逆流，堅決推行民主憲政的果斷與決心。

地方自治是政治建設的基本工作，也是建國的中心要務。台灣地區自民國三十九年開始實行地方自治以來。經過中央、省市以及各界人士的不斷策進，業已奠定良好的規模。最近，政府鑒於社會的不斷進步，為因應實際需要，使政府和民眾更能打成一片，來加強地方的建設，所以已將縣市政府以及各級自治機構的組織、人事、權責，全面予以調整改進，使一切設施，多為平民造福。

同時，臺灣省的省議員、縣市議員、鄉鎮縣轄市民代表，以及縣市長、鄉鎮縣轄市長等負責實際推動地方自治的公職人員，也已分別在本黨拔擢青年才俊、強化基層建設的政治號召之下，在最近一年先後改選完成。令人可喜的現象是，當選人的平均年齡較過去為輕，學歷則已顯著提高，說明了本黨革新政治恢弘憲政的決策，已獲得全民支持。我們的希望是忠信賢良之士，都能選拔出來，人人都有貢獻能力的機會，來共同擔負地方事業的發展。

民主與法治，是一體的兩面，要奠定民主基礎，就必須致力於弘揚法治。而所謂法治，我們的目標，不僅能以嚴格執行法律為已足，更要使全國人民，都能養成崇法守法的精神和習慣，經由法治的途徑，建設現代化的民主國家。

為期達成這一目標，我們一面本諸「法律之前，人

人平等；法律之內，人人自由」的原則，保障民權，剷除特權；一面依據憲法揭示的建國方針，給予人民充分的生活自由，並為民眾開創生存發展的機會。

我們期望，在民主法治的照顧下，全國人民無分男女、宗教、種族、階級、黨派，人人都能享有其應享的權利，克盡其應盡的義務。使我們的國家，成為推行三民主義憲政，厚植法治根基的一個範本，而與共匪蔑視人權，肆行暴政，成為強烈對照，藉此也為摧毀共黨血腥統治的利器。

在世局逆流衝擊中，外交已成為我們對敵作戰的第一線。

近兩年來，共匪利用錯綜複雜的國際情勢，加緊施展它的「笑臉攻勢」，使得若干國家受到毛共蠱惑，迷失了正義立場，錯亂了敵友分際，以致我們在外交工作上，確曾遭遇相當的困擾。

但是，「危疑正所以明誠，憂勞適所以興國」，橫亙在眼前的艱難局面，正是激勵我們發奮圖強、鼓浪前進的強大動力。

事實證明：我們的堅強意志、堅定立場，已經逐漸克服了外在形勢對我們不利的因素，粉碎了毛共妄圖在國際間孤立我們的陰謀。我們正以無畏的銳氣、積極的作為，致力開拓我們的外交新局！

雖然在逆境中推展對外關係是艱苦的，但我們的目標是堂正的，動機是光明的，態度是誠懇的，行動是友善的。

當前我們外交工作的基本方針，是貫徹反共國策，

恪守國際義務，永遠為民主陣營毫不保留的竭盡貢獻。

我們必須向世人指出：共產集團永久性的共同目標，是在赤化世界，奴役人類，既不因它們彼此間暫時性的權力衝突而有所改變，也決非自由世界妥協讓步就能轉變其方向。惟有團結自由世界的反共力量，以民主摧毀極權，以正義消滅邪惡，以自由剷除奴役，才有世界和平與國際安全之可言。

因此，無論世局如何演變，我們決堅守民主自由的陣線，不為勢劫，不為利誘，以全力貫徹我們堂正的目標。

我們推展對外關係的目的，是在協和萬邦，敦睦友誼，而非製造仇恨，擴大紛亂。我們決不抱持「拉一個，打一個」的反常心理，來挑起各國矛盾；更不存有幸災樂禍的念頭，來得到漁翁之利。當然我們也不願見任何一國以任何方式來損害我國的主權，犧牲我國的利益。反共復國是我們自己的責任，我們所要求於朋友的，是相互尊重，相互信賴；尤其希望朋友們要認清的，一個共黨統治的中國，決非亞洲和世界之福，而給我們以道義的支援。

唯其如此，我們外交觸角所及之處，堂堂正正，表裡如一。我們亟願把友誼和善意的種籽，用各種方式，透過政治、經濟、貿易、文化、科學、技術各方面的交流，散佈到世界各地，不論其為亞洲、非洲、歐洲、美洲或澳洲。

當然，我們立國東亞，與西太平洋沿岸的亞洲各國實有休戚與共、更為密切的關係；而這一地區，也正是

共匪滲透顛覆為禍最烈的所在，因此我們不但要與這一地區的友邦，發展密切友好的合作，而且要在地區之內，採取積極的具體步驟，增進各國間的合作，來加強反共的形勢。

至於中美兩國，有一百多年友好無間的關係，不僅有深厚的傳統基礎，而且是建立在維護自由和民主的共同崇高理想之上。因此，致力加強中美之間的關係，無疑是我們當前外交工作的一個重點。

我們承認，我們在外交上所作的努力，不能在旦夕之間使國際形勢改觀，今後我們可能還會遭遇到一些挫折，而必須繼續提高警覺，面對現實，來因應世局隨時可能發生的種種重大變化。但無論如何，我們今天堅苦的奮鬥，已經突破了共匪在外交上包圍我們的企圖；尤其我們自身力量的加強，對於自由亞洲的安全，作出了重大的貢獻。

另一方面，儘管姑息主義者對共產政權讓步妥協，引起了幻想和平的泡影，但沒有人能否認今天自由世界與共產集團間尖銳對立的形勢，依然存在，毫無改變。而和共黨談判不能導致真正的和平，也極明顯。

這些都使我們堅信：我們堅決不移的志節和立場，必能促成今後世局回向正道的改變。而我們伸張正義，捍衛自由，維護民主的反共鬥爭，也一定獲得最後的勝利和成功。

光復大陸，是我們當前一切施政的終極目標。強固的國防軍事，自是達成這一目標所需憑藉的主要力量。

今天共匪內部雖然一直動亂不安，匪黨「十大」以

後，匪偽國防部長和偽參謀總長等重要軍職，依然懸缺
至今，拼湊不出一個完整的領導班子，顯示毛匪已無可
資信任的人，也顯示匪黨與匪軍的分裂更為加深。不
過，共匪陰險成性，它為緩和內部危機，也可能不惜冒
著毀滅的危險，孤注一擲，對我進行軍事挑釁。因之，
我們必須充分提高警覺，不能恃敵之不來，而應恃我之
有備無患，並能掌握機會，乘機反擊。所以多一分
準備，就多一分成功；多一分努力，就多一分勝利
的把握。

當前國防軍事建設的主要任務，在於精進三軍戰
力，強化基地防衛，本著攻守兼顧的原則，繼續貫徹精
兵政策，不斷更新裝備，嚴密控制海空優勢，準備隨時
迎接戰鬥。

秉此要求，我們建軍工作的目標，是在促進國軍的
現代化，從國防組織上、三軍裝備上、軍事思想上、戰
鬥訓練上，致力於國軍指揮系統的強化、國防科學的發
展、軍需工業的擴充、官兵素質的提高、武德精神的培
養、以及軍事教育的改進等，來建立一支精壯強大、團
結統一、能為實現三民主義犧牲奮鬥的現代化勁旅。

我們國軍也充分認識，今天臺澎金馬在整個世界戰
略形勢上所處的關鍵地位、在亞洲反共戰線所居最前哨
的任務，和足以扼制共匪死命的衝要據點，所以除了依
據全程防衛作戰指導，因應狀況，實施二十四小時的作
業以外，特別注意局勢的任何變化，針對敵人動態，制
定各種行動方案，隨時機動應變。

同時，為了實踐總統「支援大陸軍民抗暴起義，我

先鋒部隊可於六小時內到達大陸沿海目標區」的指示，
國軍任務部隊，都在保持二十四小時警戒待命狀態，以
能及時有效擔當反攻作戰的偉大任務。

今天，我們國軍官兵，不僅是樹立了三民主義的中
心思想和信仰，更堅定了反攻復國必勝必成的信心和決
心，今後不論國際逆流如何衝擊泛濫，共匪陰謀如何陰
狠惡毒，我國軍官兵，在最高統帥的指揮之下，必能同
仇敵愾，勇往直前，以無畏的精神，精練的戰技，克服
一切困難，戰勝敵人，達成革命救國的神聖使命。

改善人民生活與厚積國家潛力，是我們推動經濟建
設的中心目標。

我們經濟建設的基本方針，是導源於民生主義的崇
高理想，以「養民」為第一要義，「裕國」為首要前
提。由民富而至國強，是民生經濟的必然歸趨。我們正
循著這一方向，同時謀求復興基地的民生樂利、與反攻
國力的日趨壯大。

我們的經濟社會，是架構在自由經濟制度的基礎之
上。我們尊重人民意願，保障合法權益，維護自由貿
易，在謀致經濟繁榮的各項努力中，政府與民間，同為
主體，同作貢獻。政府的一切作為，著眼在國家的利
益，全民的福祉，縱使為調節發展重點，矯正方向偏
差，必須採取若干政策性措施，但我們的作法，寧取誘
導而非強制，是扶植而非打擊，是鼓勵而非抑壓！

唯其如此，我們確切掌握的經濟政策，是在調和社
會大眾的經濟利益，使經濟發展的成果為大眾所共享。
我們確知，在經濟成長的過程中，如果任由「富可敵

國」與「貧無立錐」形成兩個極端，無異是對經濟開發
構成一大諷刺。因而，我們不僅重視財富的增加，尤其
重視分配的合理！

基於這一點，我們策訂經建方針和評估經建得失，
不單是從經濟成長率的高低來加以判斷，並且也從各項
措施是否足以擴大或縮短貧富差距來加以衡量。我們寧
願期求所有人民都能在「均富安和」的水準上，愉快地
生活，勤奮地工作，不希望走上像若干高度開發國家那
樣讓財富集中、貧富懸殊的道路，導致社會的不安。

為期達成這一願望，我們策進經濟建設的政策路
線，注重於：農業與工業的均衡發展；公營事業與私人
企業的合理分工；大型企業與中小型企業的同時並進；
資本形成與資源供需的適當分配與運用。

現階段我們的經濟發展，經過五期四年經建計劃的
確切執行，可以說已經奠定了自立自強的基礎。我們的
經濟結構已顯著改善，工業佔國內生產比重近十年都
居首位，出口貿易佔國民生產毛額今年可達到百分之
五十，國內資本形成去年佔國民生產毛額高達百分之
二十六，經濟實質成長率近十年平均保持百分之十以
上，國民實質年所得二十年來增加了一·七二倍，這
些成果是政策方向的沒有偏誤，也是全體國民辛勤的
收穫。

事實上，我們的努力沒有虛擲，血汗沒有白流，在
近一年來全球性的經濟大震盪中，我們迎風挺立，搏
浪前進，正就是憑藉這一強固的基礎，通過了重重考
驗，才能在國際經濟風暴中，繼續保持國內經濟的高度

成長。

以去年一年和今年上半年度我們經濟成長情形為例：六十一年我們實質經濟成長率是百分之十一，大大超過原訂百分之八·五的預定目標。今年上半年度，我們各項經濟指標繼續上升，與去年同期相比，農業增長約達百分之三，工業成長超過百分之二十四，一至九月的外貿總值已達五十六億八千九百萬美元，今年上半年實質經濟成長率百分之十一·六。根據這一情勢推算，今年這一年，我們國內經濟仍將持續保持高度成長，每人平均所得，預期將由去年的新台幣一萬四千八百八十七元折合成三百七十二美元，提高到四百六十六美元。反過來看看大陸匪區的經濟情況，如果作一對照，就很明顯的指出了「敵消我長」的形勢。

根據多方資料，去年匪區經濟一片蕭條，使得周匪恩來在匪黨「十大」的「政治報告」中無法提出任何經濟統計數字。不過毛共在今年六月出版的「中國建設月刊」上曾經供認，匪區的農業，去年減產百分之十；工業截長補短，成長僅約百分之六·五；匪區的外貿總值，不會超過五十三億美元；估計去年匪區實質經濟成長率不足百分之二；每人平均年所得仍僅九十美元，顯見匪區經濟的貧瘠落後，大陸人民生活的困苦，也就可想而知。

當然，我們並不以既有的成果為滿足，我們正在作遠程的規劃，以期充分實現前面所說我們經濟建設的中心目標與基本方針。

同時，我們也不是毫無困難，毫無阻礙，但我們決

不逃避現實，決心面對問題，檢討問題，腳踏實地，來
解決問題。

例如：過去一年，全球性的物價波動與物資匱乏，
真是風高浪急。面臨這一巨大衝擊，我們深深感到，充
裕物資，穩定物價，實為安定社會秩序，維持經濟成
長，增進國民福祉的首要課題。

為了抵擋這一浪潮，我們當機立斷，沉著肆應，以
穩重的政策，穩健的步伐，從財政、經濟、金融各方
面，採取一連串密切配合的措施。

我們曾撥出巨額外匯，放寬進口限制，大量輸入
物資；

我們曾一再降低關稅，以減輕生產成本；運用平價
基金，保持價位水平，並且對十幾項民生必需品，破例
採取限價措施；

我們也曾加強金融及信用管理，防止通貨膨脹刺激
物價，同時也致力防止人為的壟斷哄抬，務期從標本兩
方面保持物價的穩定。

分析今後內外經濟情勢，穩定物價，戢止漲風，仍
為當前亟切要務，政府決盡一切力量，採取一切必要步
驟，來掌握在安定中求發展的方向。

又如：近年我們農業發展較諸工業相對落後，農民
所得也相形偏低，所以政府決以最快捷的行動，來加速
推動農村建設，希望經由多種途徑，促使農業進步，以
提高農民所得，改善農民生活。

再如：我們的交通設施，隨著工商的繁榮，已感不
敷需求，因此，政府也正按照預訂計劃，大舉擴建公

路、鐵路、港口、機場、電信等各項公共工程，以期打破這一瓶頸，壯大經濟動脈！

此外，關係人民生活上的若干現實問題，如都市中人口壓力的疏導，生活環境的改善，乃至水污染與空氣污染等公害的防治，在在需要政府拿出更大的魄力，研訂週密的方案，來逐一予以解決！

經國丞願鄭重強調，為活潑國民經濟，增進人民福祉，以求國計民生的均足，是政府應盡的責任。任何事情，只要是對人民有利，對社會有益，不管有多少困難、多大阻礙，政府決盡一切可能，全力以赴！

總裁曾經昭示：「社會建設是政治建設的基礎，社會建設有了良好的成績，政治建設就有了確實的憑藉」。

我們的社建工作，是以我國傳統的仁政為基礎，本諸倫理、民主、科學的原則，依據大同社會的理想，採取各項有關的措施，以逐步建立一個「均富」、「安和」、「樂利」的福利社會。

我們也認為，社會建設與經濟建設，是國家建設之輪軸，相輔相成，不容偏廢。故應力求均衡發展，齊頭並進，來鞏固國家安定，充實國家實力。

依據這樣目標和本黨「現階段社會建設綱領」，我們目前推動社會建設的重點作為，在謀增進社會安全、促進國民就業、改善勞工生活、加強社區發展與貫徹平均地權。

我們深知，社會安全制度的全面建立，並非一蹴即至，總要針對社會需要、國家財力，分別緩急，逐步推

動，擇其受益可以廣及大眾者優先實施。目前政府所採
措施，包括：正在計劃以現已實施著有成效的勞工保
險、公教保險、軍人保險為基礎，逐漸擴大成為全民性
的社會保險；把社會救助由消極的補助進入到積極的扶
持，希望正由省市各級推行的「小康計劃」和「安康計
劃」，成為我們消滅貧窮的一個起步；以及積極謀求全
面增進兒童、婦女、勞工和農漁民的生治福利，使社會
安全的基石，建築在全民安和樂利的強固基礎之上！

我們也體認到，國民的充分就業與勞工生活的改
善，關係經濟發展至鉅。因之，我們一方面加強職業訓
練，並經由就業輔導，調節人才供需，來增進國民充分
就業；另方面依據本黨「促進勞資協調合作」的勞工政
策，訂定了「保障勞工利益，改善勞工生活」的方案，
立即付諸實施，並正擬訂職業安全衛生法案，來確切改
進勞動條件。

我們也看到，社會建設的工作必須要從基層做起。
而推動社區發展，鼓勵區內居民以自動、自發、自治的
精神，貢獻人力、財力、物力，配合地方行政措施，來
改善生活環境和生活方式，不但是民生基層建設最好的
基礎，也是實行地方自治最好的實驗。近數年來，省市
各級通力合作，已使社區發展獲得良好成效，今後更將
擴大實施，並將注意水污染、空氣污染等公害的防治，
希望能使廣大民眾都有一個安寧、潔淨的生活環境。

當然，我們更沒有忽略平均地權在整個民生主義社
會建設中的重要性。「地盡其利，地利共享」，是本黨
一貫堅持的土地政策，我們正在根據現階段經濟和社會

發展的情況，澈底檢討現行土地制度，重新研擬全面平均地權立法原則，以為修訂條例，貫徹實施的依據。同時也正分期分區研訂區域綜合開發計劃，辦理土地使用調查及使用種類的編定，俾使臺灣有限土地資源均能作合理、有效的經濟利用。

社會建設是最廣泛、最複雜、也最繁重的工作，但是我們把握一個基本態度，那就是無偏見，無私心，凡是符合絕大多數人民的需要、絕大多數人民的利益，我們必定毅然為之，目的是為人民提供最大的服務，創造一個一片祥和的社會。

教育是立國的大本，是國家民族的精神與文化永久根基的所託，所以教育的優劣成敗，實是國家民族興亡盛衰最大的關鍵。

基此認識，我們的教育建設，是要依據三民主義的教育宗旨和民族文化的優良傳統，來振奮民族精神，提高國民知能，為國家造就堂堂正正的國民。

今天我們復興基地，教育的普及，從各級學校與在學人數的不斷擴增，已可有目共睹。但是，我們覺得，量的擴充，並不就是質的提高，因此，當前政府強化教育的基本方針，是在謀求教育質量兩方面的均衡發展。

我們的著眼點，將不僅要求德、智、體、群四育並進，並要力求各級各類教育，無分公立私立，無分都市鄉村，都辦得一樣的完善，同時要全力來消除目前教育上擠窄門、鑽瓶頸等不正常的現象。

我們認為，教育的改進，首須恢復師道，次須樹立師表，然後方是制度與方法的改良。所以要昌明教育必

先確立師資，師資本身有了可尊之道，學生青年和一般
民眾自然相觀而善，今後我們必須朝這方向努力。

我們也深知：中華民族文化的深厚潛力，是激發國
人理性良知，強固反共鬥爭心理基礎的精神動力。所以
我們應再加強民族精神教育，以三民主義的思想教育作
為各級各類教育的最高準則，並配合公民與道德教育、
生活與倫理教育，使三民主義所涵蓋的倫理、民主、科
學的精神，融會在各科課程與各種活動之中，以激發學
生愛國家愛民族的情操，來摧毀共匪出賣國家民族、滅
絕人倫道德的醜惡暴行。

配合民族精神教育的加強，推行中華文化復興運
動，也是當前文教建設的一項重點工作。我們的預期目
標是希望由這運動，結合教育的功能，推廣到社會每一
角落，來振奮民族精神，凝聚道德力量，為現代生活樹
立標竿，也為反共鬥爭建立起精神堡壘。

很顯然的，民族精神和國民道德，反映得最真切的
全在青年們的身上，我們可以說，一個國家民族能否經
得起時代考驗，全看青年有無堅強的民族精神和高尚的
國民道德。因之，對年輕一代的培育與照顧，使其成為
國家的棟樑、建設的主幹、與革命的鬥士，是我們教育
的責任！

為了開拓青年的理想、抱負與前途，我們將不斷經
由教育、輔導、鼓勵諸種途徑，來幫助青年從德業上立
志，在學術上爭勝，在事業上成功。使每一個青年，都
能在公平的立足點上，能創造、能發展。我們要導引
青年力行，使青年們光明磊落，做實事、講實話，不誇

張、不浮躁。所以我們輔導青年的方針，是愛護青年，而不是迎合青年；要理解青年，而不是放任青年。

總裁說過：「只要中國青年和三民主義結合在一起，最後必能克服一切困難，擊敗所有敵人」。我們正有教育中國青年和三民主義結合在一起的責任！

教育是社會改革和民族復興的根本，科學發展則是引導我們國家建設走向現代化的主流，在復國建國的途程中，同時擔當了振衰起敝的重任。

目前，我們發展科學的基本方針，不但要使科學在國內生根，而且要使科學結合國家建設，來增強國家力量，創造國民財富，提高國民生活水準。因而，今後我們發展科學的各項作為，將視國家建設的需要、社會繁榮的需求，來決定優先次序。務期以經濟實用的方法、直接而有效的途徑，開拓科學發展的新里程！

我們相信，中華民族的聰明才智，決不亞於任何民族，只要善於培養啟發我們科學教育，必能迎頭趕上，把國家建設帶進科學化，現代化的領域。

各位同志：一切國家建設，都有賴於健全的、負責的、踏實的行政來推動、來實踐；因此，建立一個有生氣、有作為、有效率、誠實而廉能的政府，從上到下，同心一德，都有為國效命、為民服務的抱負，實在是帶動國家建設的必備條件。

近兩年來，我們為了這樣的要求，決心刷新政風，策進行政革新，曾不斷採取必要措施，希望全體行政同仁能從消極的約束和積極的作為兩方面，促使行政工作去腐生新，充滿朝氣，切切實實的革除行政上沿積已久

的種種不良舊習，重新在觀念上、行動上，建立起新的
認識、新的作為、新的風氣。我們對於行政同仁的中心
要求，在於：

以責任觀念，來激發工作熱忱，根本掃除因循敷
衍、似是而非、模稜兩可的鄉愿作風。

以效率觀念，來擴大施政成果，徹底簡化作業程
序、法令規章、和不必要的繁複手續。

以公僕觀念，來加強為民服務，完全革除官腔官
調、高高在上、令人生厭的衙門風氣。

以創新觀念，來不斷研究發展，整個打破抱殘守
缺、墨守成規、不求進步的陳腐作法。

以團隊精神，來發揮總體力量，共同放棄各自為
政、互不相關、缺乏合作的本位主義。

我們要求把這些觀念和精神注入到一切行政工作之
中，實在是鑑於國家正臨嚴重考驗的關頭，如再不大覺
大悟、自動自發的厲行全面革新，所有建設都是植基在
沙灘之上，全不可恃。此次全會將有「對現階段政治革
新與政治建設之提示」，今後我們益當本此提示，加快
步子，加強深度，在行政的組織、人事、財務、業務的
執行與管理上，致力求新、求速、求實、求簡，使行政
革新確能為政府帶來新的生機，新的活力！

各位同志：許多年來，我們「身在臺灣，心懷大
陸」，無時無刻不為大陸同胞的苦難遭遇寄以最大關
切，更無時無刻不為達成反攻復國的革命任務從事各項
努力。

總裁早曾昭示我們：反攻復國的戰爭，是三分軍

事、七分政治的戰爭；是三分敵前、七分敵後的戰爭；也是政治反攻先於軍事反攻的戰爭！因而，這些年來，我們從未間斷在敵後展開英勇戰鬥。我們曾不斷派遣工作同志，深入大陸都市農村，深入大陸工礦基層，深入匪黨匪軍內部，建立敵後組織，擴大政治號召，經由農運、工運、青運、婦運、軍運各種活動，策動大陸全民，喚醒匪軍匪幹，掉轉矛頭，集中力量，對匪展開激烈的戰鬥。我們正一步一步的走向從大陸內部反攻大陸，為我們反攻復國的行動，創造制敵機先的新形勢。

使我們深深感到驕傲、感到振奮、感到崇敬與懷念的，是我們無數英勇的敵後工作同志，他們出生入死，冒險犯難，前仆後繼，犧牲奮鬥，以血肉之軀，創造了許許多多轟轟烈烈的不朽功績，也寫下了許許多多壯烈成仁的悲壯史詩！他們所表現的大無畏革命精神，再一次證驗了本黨同志「只見一義，不見生死」的英烈志節，也為我們再造辛亥、再造北伐的革命行動，建立了反共必勝的強固信心！我們將踏著他們的血跡，加快復國的步子，從國內、海外、敵後三條戰線，對匪展開致命的打擊，來達成我們摧毀毛共暴政，解救大陸同胞的神聖使命！

各位同志：在革命奮鬥的道路上，沒有儻來的幸運，沒有僥倖的成功，存亡榮辱，優勝劣敗，一切要靠自己努力！

面對當前混沌的世局，我們開拓國家機運，鑄造歷史新頁，必須牢牢掌握住努力方向，一步不能疏失，一事不容錯亂。

——我們必須堅持至大至剛的立國精神，與獨立自主的
　立國原則，坦坦蕩蕩，擇善固執，以沛然莫之能禦
　的正義力量，遏止逆流，克服邪惡！

——我們必須激揚百折不撓的堅強意志，與刻苦自勵的
　奮鬥精神，冷靜沉著，不憂不懼，以埋頭建設、壯
　大力量的事實和行動來迎接一切挑戰！

——我們必須強固革命組織，發揮總體力量，團結海內
　外反共愛國人士，以熾熱的情感、齊一的步調，匯
　成壯闊的反共巨流，擊敗外強中乾的毛共匪幫。

——今天一切是為反共，一切是為救國，凡是有利於反
　共，有利於救國的，我們必當全力以赴；凡是不利
　於反共，不利於國家的，我們斷然反對！

　我們在此時刻，尤其要再度強調我們堅守不變的原
則，那是：

——中華民國憲法所制定的國體決不改變！

——中華民國反共復國的總目標決不改變！

——中華民國永遠站在民主陣營的一邊，為伸張正義公
　理、維護世界和平的職志決不改變！

——中華民國對於共匪叛亂集團絕不妥協的堅定立場決
　不改變！

　最近總裁提示全國軍民、本黨同志，要「精誠團
結，同仇敵愾，刻苦耐勞，冒險犯難」。我們無不明
白，雖然眼前的局面還未完全開朗，未來的衝擊可能還
會更加凶險。但是，歷史是強者創造的，形勢是可以改
變的。在中國近代革命史上，我們曾在瀕臨絕境的時
候，憑信心毅力，堅忍奮鬥，打開生路！也曾在孤立無

援的困境中，以鐵血赤忱，粉碎危難，戰勝敵人！因此，我們精誠團結，同仇敵愾，敢於面對任何逆浪，敢於迎接任何風暴，也敢於昭告天下：我們順天應人的反共戰爭，必能因民心的歸附，群眾的支持，在總裁的英明領導、全黨全國的團結、海內海外同心一德的大進擊中，刻苦耐勞，冒險犯難，贏得最後勝利！

今天四中全會召開之日，在總裁的精神啟示和黨的行動號召之下，我們全黨同志都應在此時際莊嚴宣誓：在邁向勝利成功的里程上，我們將抱定成功的信念，成仁的決心，以開國精神、北伐銳氣，衝破黎明前黑暗的一刻，達成我們復國建國的神聖使命！

謝謝各位。

11 月 13 日　星期二
上午
九時，出席十屆四中全會第二次大會。

下午
二時三十分，出席十屆四中全會第三次大會。

11 月 14 日　星期三
上午
八時，接見賴比瑞亞郵政部部長竇西德。
九時，出席十屆四中全會。

下午

二時三十分，出席十屆四中全會第四次大會。

七時，以中央常務委員身份，約臺灣省政府主席謝東閔、秘書長瞿韶華、臺灣省議會議長蔡鴻文、臺灣省黨部主任委員梁永章暨臺灣省各縣市國民黨籍縣市長、縣市議會議長及縣市黨部主任委員等座談，勉勵全心全力為民服務，苦民之苦，樂民之樂，針對缺點，力求改進，腳踏實地，埋頭苦幹。

11 月 15 日　星期四

上午

九時，出席十屆四中全會第五次大會。

下午

二時三十分，出席十屆四中全會第六次大會暨閉幕典禮。

六時，參加十屆四中全會會餐。

11 月 16 日　星期五

上午

八時起。分別接見旅美學人鄧昌黎、美國霍斯敦市市長威爾其暨芝加哥市副市長薩恩。

九時，接見美國新聞與世界報導週刊總編輯馬丁，並答覆所提問題。

下午

五時起，分別接見巴拉圭參謀總長賈塞萊斯中將、巴西
最高戰爭學院院長賓那馬夏多上將。

接見美國新聞與世界報導記者馬丁談話內容

問：院長，美國國務卿季辛吉六度訪問北平，究竟有何
　　成就？

答：吾人對季辛吉國務卿訪問北平之行的基本態度和
　　立場，已反映于外交部十一月十四日所發表之聲明
　　中。自由世界任何國家跟中國大陸毛共政權的接觸
　　只有助長其勢焰，每個人都知道在基本上毛共政權
　　一向是侵略的。

　　毛共頭目們企圖在環境許可下不斷運用策略，對自
　　由國家加以利用。你還須記取，毛共為增加他們的
　　力量，想要改變其他國家對毛共政權的觀點。

　　北平的毛共份子正採取共黨兩項老戰術。首先它要
　　一方面跟一個國家做朋友，一方面打擊另一個國
　　家。第二個戰術是要分化他們的敵人──即環繞中
　　國大陸四週的敵人──對他們逐一加以攻擊。

　　當毛共需要你的時候，他們什麼事情都做得出來，
　　甚至向你磕頭。但是一俟他們不再需要你時，就會
　　反過臉來摧毀你。

　　很多美國人訪問過中國大陸，我不知道他們是否有
　　人問過北平毛共頭目這個問題：你們的政策是反對
　　美帝的，為什麼現在要如此接近美國？作用何在？
　　目的何在？

問：亞洲三個強權——美、俄、中共——謀求某種和
解，以維持和平，其重要性如何？

答：和解經常是暫時的事，不能解決基本問題。同時
美、俄以及毛共之中，唯有美國真正需要和平。所
以，甚至在和解之際，美國也必需保持其強大的核
子力量，這是可以保持和平的唯一方法。

問：閣下提到保持強大力量，是否指美軍應留駐亞洲？

答：是的，這點是很重要的。如果美國撤退駐在南韓和
琉球的軍隊以及駐泰的空軍，情況會很危險的。美
軍駐在南韓，目前在軍事上不見得有何作用，但在
政治上卻有重大的意義。他們有助於保持韓國高昂
士氣和維護安全。共黨要美軍撤退的原因是使他們
能夠開始侵略。

問：北韓會再度攻擊南韓嗎？

答：這個問題我無法確切答覆。不過，美軍撤退會削弱
韓國的信心，而使北韓獲得很大利益。美軍撤退
在軍事上不一定會傷害韓國，但在政治上可能是
有害的。

問：如果美國廢除對中華民國的安全條約，對貴國政府
和人民將會有何影響？

答：美國不僅對中華民國，而且對全亞洲，事實上對
整個世界，都負有重大的責任。你們負有歷史的責
任，美國對我們態度有任何改變，可能會影響非共
世界的每一個人。因此，你們必須慎重考慮此一問
題。當一九四九年共黨竊據大陸之後，我們此間的
情況甚為不幸，亞洲其他地方也是一樣，後來，美

國堅決地支持中華民國,這是亞洲的主要轉捩點。
現在,如果美國再度改變政策,對北平妥協,那
麼,亞洲和美國均將遭受不利。

當毛共施展乒乓外交之際,美國人不應忘掉那些在
韓國和越南犧牲生命的美國人。

至於有人主張美國「承認大陸的毛共政權」一事,
美國應考慮到我所說的美國精神——即致力於民主
政治和自由社會的精神。我們目前在台灣所做的,
是建立一個和中國大陸極權和關閉社會完全相反的
自由開放社會,這是值得注意的。

在所有自由國家人民的心目中,美國是自由的象
徵。每一學童研讀美國歷史時,首先知道的就是紐
約的自由女神銅像。我第一次訪美時,我想見到的
第一樣東西,就是自由女神銅像。

所以美國必須保障其予以世人的印象,它應深切地
考慮從事於與毛共的接觸對世界上其他讚佩美國
自由民主精神的人民所發生的影響。我之所以說今
天有人主張承認毛共乃是一種重大的錯誤,即此之
故。你們對歷史負有責任,而且具有深遠的影響,
所以決不可向這條死路上走。

問:如果安全條約廢除,中共會攻擊台灣嗎?

答:毛共一定要用軍事力量解決這個問題,但那需要實
力——不僅是軍事上的,而且是政治上的實力。向
臺灣作任何軍事攻擊,都會牽涉到毛共政權內部安
全的問題,如果毛共頭目中發生任何分裂,他們就
不能鎮壓必然發生的人民變亂。

160　蔣經國大事日記（1973）
Daily Records of Chiang Ching-kuo, 1973

即使現在，大陸上的中國人民正遭受壓迫。毛共政權那能在作戰之同時繼續壓迫他們呢？這是不可能的。

至於那些毛共頭目們，尤其是距北平較遠地區的頭目們，很多都有獨立的意向。目前他們只是表面上統一，但是在進侵臺灣時期，這種統一能夠維持嗎？此為毛共頭目必須審慎考慮的問題。

也許最重要的是：如果毛共攻擊臺灣，他們在壓迫人民或維持領導階層的團結方面即使小有差錯，也就易於導致該政權的崩潰。

問：臺灣能抵禦全面攻擊嗎？

答：絕對能夠。我們深信能應付軍事挑戰。因為我們的國軍是強壯的。至於政治挑戰，我們臺灣、金門、馬祖及澎湖的全體軍民更是空前團結的，將為自由為生存而戰鬥。我們大家都知道我們生活在民主制度之下，而中國大陸人民則經常生活在被整肅或清算的恐懼中。再者，我們大家都知道，如果此一自由島嶼被攻佔，毛共不僅將迫害我們，而且要加緊迫害大陸的中國人。我們有最堅強的信心確保自己的基地，並保障人民的生活自由和安全。

問：第二次大戰後，中華民國政府初到臺灣，並不很受人歡迎，這是怎麼改變的呢？

答：我認為並不如此，我們政府一直以坦誠的態度對待人民。臺灣人是中國人，正和第二次大戰後來此地的大陸人一樣。今天在政府和軍隊之中，不再有臺灣人和大陸人之分了。大家都受同等待遇。並且，

正因為大家平等,我們知道,就必須團結起來,對抗共黨的威脅。不團結,就無法生存。

另一個因素,當然是我們的繁榮和大陸的貧窮形成強烈的對比。

問:中共政權控制八億人口,它為什麼對只擁有一千五百萬左右人口的臺灣小島,深懷戒心呢?

答:情況是如此。臺灣是中國的領土,它是屬於中國人的。在這裡有中國政府行使職權。

毛共知道中華民國的存在。我們的諜報人員經常出入中國大陸,並散佈在大陸人民之間。許多到過大陸的人也來過這裡,他們知道臺灣人民生活比大陸好得多。他們把這裡的生活情況告訴毛共控制下的朋友。

我們最近接到大陸的來信說,我們的政府在大陸時雖不令人很滿意,但比現在的毛共政權好得太了。而且,大陸許多人都記得我們的蔣總統過去堅決反共救國的立場,他們知道蔣總統現在和將來都會繼續反共救國的。因此他們仍然把蔣總統尊為中國人民的領袖。

這就是毛共對中華民國政府和在臺灣的人民懷著戒心的理由。同時我們相信毛共必將滅亡,這不過是時間問題而已。

問:閣下說共黨也許使用政治力量對付臺灣。這是何種政治力量?

答:共黨正在考慮三種戰術。第一、他們將力圖在國際上削弱我們的力量,使我們不再能在世界上立足。

第二、要離間我們的人民和政府。第三、要從內部
企圖破壞我們的政府。

但是請看實際的情形如何。我們固然退出了聯合
國，可是我們並未萎縮，實際上我們在經濟上與政
治上日趨強大。在國內，我政府與人民比以前更加
團結。中華民國臺灣省人與來自大陸各省的人對毛
共的態度是一致的。這使企圖破壞我政府的陰謀無
法得逞。

問：閣下上次訪美時，曾受到一個臺灣年輕人謀刺，現
在閣下擔心那種事情會在此發生嗎？

答：一點也不怕。我可以隨便步行或乘車到任何地方
去。人人都願跟我談話。

此外，前此流亡日本之臺獨運動主席現已返回臺
灣。另一前臺獨運動之重要份子則不斷往返日本臺
灣之間，以促進日本在此地之投資。是以可見過去
之敵視現已消失。我常以為一個人的安全感，應當
是源於他自己光明的心靈。

問：院長，換一個話題來說，閣下認為中共與蘇俄間的
戰爭可能發生嗎？

答：很難說，現在確有對抗情勢存在，但我不能確切知
道這種對抗情勢究竟將來會到達何種程度。當然，
戰爭總是有可能的。外交的謀略與戰術能夠制止
或延緩戰爭的發生，但是如果一方或另一方決心要
戰，戰爭無法加以阻止的。

蘇俄已在中國大陸的北翼邊境駐有軍隊，在南翼
——印度與印度洋——沿線也擁有某種力量。今年

五月間，蘇俄艦隊自海參崴南駛，經臺灣海峽，再經麻六甲海峽，進入印度洋。兩週以後，另一蘇俄艦隊由南駛往北方，這次是由臺灣東面經過。蘇俄的意圖是對中國大陸週邊建立一道包圍線。到目前為止，毛共政權對蘇俄艦隊的此種動態，尚無反應。但從戰略觀點而言，美國不應允許蘇俄勢力進入太平洋，琉球、臺灣及澎湖，在全球戰略中構成重要的一環，以阻遏蘇俄在太平洋勢力的擴張。

問：閣下看法，美國的軍事力量是否有助於阻止毛俄之間可能發生的戰爭？

答：當然會使毛共和蘇俄在發動戰爭前，慎重地考慮。所以美國必須保持強大軍事力量，才能維持整個世界的和平。

問：臺灣是否恐懼日本及其經濟力量會脅脅亞洲較小或較貧窮國家的獨立？

答：對我們來說，並沒有影響，但是亞洲其他地區對日本的經濟勢力卻具有恐懼心理。日本人是向外擴展的，他們可能試圖作更進一步的擴展。很明顯地，日本不應用其經濟力量來達成政治目的。

問：在東南亞方面，中共最近指示華僑不要從事革命及暴力行動，而應忠於居地的政府。這是否表示，北平政權對亞洲地區的革命不再感興趣？

答：毛共公開所說的及所做的與他們實際所想的完全不同。他們發出這些指示時並無誠意。

不過，這沒有多大關係。北平未能獲得華僑多大的支持，而我們卻越來越得僑胞的支持。舉個例說，

去年有七千名華僑來台參加國慶及總統華誕的慶
祝，今年的人數已超過一萬三千人。

讓我告訴你一個有關華僑態度的故事。有一次我和
一位來自雅加達的僑商談話。他剛去過大陸，當時
他帶了許多禮品給他在大陸的家人和親友，但他們
還想要更多的東西──諸如他的衣服、他的手錶，
甚至他的眼鏡。凡是他所有的東西他們都要，只有
一樣例外，那就是領帶，因為毛共的服裝無法用領
帶。當這位商人來臺灣時，他發現不論他或任何人
都能購買那些為大陸人民所亟需的東西，想買多少
就可以買多少。

問：從嚴格的經濟觀點來說，臺灣究竟比中國大陸好
多少？

答：一九七二年我們的真正經濟成長率為百分之
十一，一九七三年上半年是百分之十一·六。
一九七三年一月至九月我們的對外貿易額達五十
六億八千九百萬美元，到今年年底時平均個人所得
將達四百六十六美元，去年則為三百七十二美元。
毛共方面，一九七二年農業生產減少百分之十，工
業成長率只有百分之六·五。對外貿易總額尚不
超過五十三億美元。真正經濟成長率據估計只有區
區百分之二，而平均個人所得僅有美金九十元。因
此，顯而易見地是，我們正在成長中，而敵人卻在
衰退中。

問：院長，讓我們換一個話題來談談，許多美國人覺
得，我們為了圍堵中共而付出的代價──先是韓

戰，其後是越戰——太高了，現在，他們希望以和
解代替圍堵。閣下對過去二十年來發生的事件作何
估價？

答：首先，在韓戰和越戰中，美國表現了維護自由和
民主的很大勇氣和熱忱。至少，韓戰開始時表現很
好，但可惜沒有貫澈始終。為了求勝，就必須為了
理想或目的而戰。你們並不真正想贏得那場戰爭，
這不是一個健全的軍事原則。

當你們已經到了接近勝利的階段時，麥克阿瑟元帥
被解除了指揮權，在越南也發生類似的情況。

一九五二年，我在紐約會晤麥克阿瑟元帥，當時他
告訴我，他覺得韓戰的結束方式一定會導致另一場
戰爭。他又說，他覺得美國雖然還是一個強國，但
他耽心二、三十年後他的國家會成什麼樣子。

我個人覺得，如果你們那時候繼續在韓國作戰數
月，就不會有越戰的發生。關於越南，當時我曾告
訴過我的美國朋友，以我看來美國派地面部隊直接
參戰，對美國並非有利。

你們應僅予越南人民充分的支持並置身於戰爭之
外，而不宜派遣軍隊參戰。

我認為美國對亞洲政策，尼克森主義是正確的。你
們應該支持自由國家，但是不必派遣軍隊去替他們
作戰。

11月17日　星期六

上午

八時，接見韓國新農村指導者訪問團金鍾林等二十三人。

11月18日　星期日

【無記載】

11月19日　星期一

上午

八時，主持財經會談。

十時二十分，接見國軍出國進修獲得博士學位軍官中山科學研究院副研究員葉若春、丁幹及國防醫學院教官王耀羣、郭重雄等。

11月20日　星期二

上午

八時，聽取所得稅法簡報。

11月21日　星期三

上午

九時，出席中常會。

下午

四時起，分別接見中韓經濟協進會韓國代表崔泰涉等三十六人、韓國共同通訊社社長李源京暨韓國編輯人協

會會長柳建浩。

11 月 22 日　星期四
上午

九時，主持行政院院會，提示：

一、政府應即督促規劃建立現代化農產品運銷制度，普遍建立運銷網，請經濟部會同農復會等單位立即研辦，並希於兩星期內提出方案。

二、國軍協助東部災害重建工作，非常盡力，也非常辛苦，請國防部代表行政院予以慰問，並希三軍袍澤在不妨礙戰備原則下，今後能多從事災害救護及經濟建設工作。

三、桃園國際機場工程，應特別著重堅固與實用，機場附屬設施，宜考慮由民間投資興建，國外貸款數額，應設法增加；民航局應注意能源短缺對民航發展方向及成長率之影響趨勢，研擬因應辦法。

下午

二時二十分，巡視岡山介壽二廠（飛機發動機廠）及高雄煉油廠。

11 月 23 日　星期五
上午

八時三十分，巡視東港空軍幼校，並至東港鎮南平里慰問漁民及視察附近海堤情形。

十時十五分，巡視東港鎮公所。

十時四十五分，巡視高屏大橋施工情形。

中午

十二時，在鳳山陸軍官校與官生共進午餐，並勗勉官校學生應腳踏實地，負起時代的重大責任。

下午一時三十分起，分別聽取中鋼公司、中船公司、中台化工廠及左營軍區簡報，並巡視中船公司。

11 月 24 日　星期六
上午

九時十五分，巡視臺南縣善化鎮臺農飼料倉庫及亞洲蔬菜研究發展中心，並盼亞洲蔬菜中心能多生產夏季蔬菜。

11 月 25 日　星期日
上午

九時二十分，至空軍總醫院探望立法委員張子揚。

11 月 26 日　星期一
【無記載】

11 月 27 日　星期二
上午

九時，聽取中國石油公司簡報。

下午

四時三十分，聽取臺灣電力公司簡報。

11 月 28 日　星期三

上午

九時，出席中常會。

11 月 29 日　星期四

上午

八時三十分，在善導寺參加陳故一級上將大慶逝世百日
誦經追思。

九時，主持行政院院會，提示：

一、行政機關及公營事業機構能源節約措施，希各行政
　　機關及事業機構切實執行。

二、今後政府機關，除外交禮儀上必不可缺者外，宴會
　　應完全取消，一般招待外賓可改用茶點，以樹立良
　　好的生活規範。

三、政府的重大政策，在未定案之先，應廣泛的討論，
　　深入的研究，尤望各位首長知無不言，言無不盡。

四、希司法行政部及臺灣省政府密切注意，凡套購配售
　　農用肥料的工廠和肥料商，都應依法查處，對轉賣
　　肥料的農民，也可停止其配售的權利。

五、對於壟斷砂石者，必須予以處罰，同時禁止濫採
　　濫挖。

六、對立法委員所提質詢及建議，應當深入研究，凡能
　　做和應當做的，務必立即去做。

七、糧價上漲，值得重視，希望臺灣省糧食局迅採有效
　　措施，予以穩定。

八、現階段之經濟政策，一定要先求安定，然後在安定
　　中求發展，希望財經小組把握此一原則，釐訂正確
　　的方案報核。

九、中鋼建廠工作，應爭取時間，至於為順利採購重
　　要設施，擬在一定條件之下，以議價方式辦理，可
　　同意照辦；有關該公司資金籌措方式與財務調度問
　　題，可由經濟部、財政部、中央銀行及主計處會同
　　研究後再行處理。

11月30日　星期五

上午

八時三十分，接待前來行政院巡察之監察委員。

九時三十分，參加黨政關係座談會（監察部門），對於
監察委員巡察的辛勞，表示感謝與敬佩；同時表示：行
政院對監察委員的巡察意見，十分重視，一定虛心接
受，交各主管機關處理。

12 月 1 日　星期六

上午

七時三十分，於林森北路臺北市第二屆市議員選舉第
二一一投票所投票。

八時四十分，參加吳稚暉先生海葬二十週年祭典。

九時，主持國防會談。

十時三十分，接見南非共和國社區開展部部長杜布
里西。

12 月 2 日　星期日

【無記載】

12 月 3 日　星期一

上午

十時，聽取南北高速公路第二期工程簡報。

12 月 4 日　星期二

【無記載】

12 月 5 日　星期三

上午

九時，出席中常會，並在會中呼籲國人節約用電，共渡
難關。

下午

六時十二分，參加泰國國慶暨泰皇華誕慶祝酒會。

12月6日　星期四

上午

八時三十分，約徐副院長慶鐘、全體政務委員及秘書長舉行座談。

九時，主持行政院院會，提示：

一、經濟部孫部長日前率團訪問沙烏地阿拉伯及約旦兩國返國後面報，沙政府已在石油輸出的名單中，將我列為友好國家，不縮減供應量，對沙王及其政府此種誠摯友誼，應表示深切的謝意。對沙、約兩國所提經濟合作項目，尤須由主管機關儘快研究辦理。

二、節約能源，不僅與經濟活動有關，亦與社會風氣有關，所以必須視為一個持久的、長期的工作來做。

三、臺北市第二屆市議員選舉，已順利完成，政府今後應加倍努力，以酬答民眾對政府的信賴與堅定支持，並滿足民眾的殷切期望。

四、北迴鐵路的興建，意義重大，主管機關務須週密策劃，確實執行，如期於本年十二月二十五日開工，並克服一切困難，早日完工。

院會後，聽取糧食問題簡報。

下午

四時三十分，接見美國艾森豪獎金會執行董事湯森暨我國艾森豪獎金得獎人蔣彥士等。

五時，接見中華田徑代表隊隊員暨綜合藝術團團員，並以茶點款待，嘉勉他們為國辛勞，爭取榮譽凱歸。

五時四十五分，接見約旦觀光暨古蹟部部長巴拉克。

12 月 7 日　星期五
【無記載】

12 月 8 日　星期六
上午

八時四十分，巡視新竹縣政府、華興肥料廠及新竹肥料廠，並參觀新竹市大成街由一群大學生所開設的「酒精燈唱片行」，對該行將義賣唱片全部所得救濟新竹孤兒義舉，面致嘉許。

十時五十分，參觀苗栗明德水庫。

十一時三十分，巡視苗栗中油公司油礦探勘處並聽取簡報，勉勵工作人員加強探勘工作，增加油氣生產。

下午

一時三十分，巡視苗栗縣政府，期勉邱縣長在加強地方建設時，要以增加縣民收益為主。

二時二十五分，訪問三義鄉雕刻業，勉勵他們提高雕刻技術及品質，以求取更大發展。

三時，巡視臺中縣政府、聽取簡報，並垂詢臺中港建港情形及農村經濟發展情形。

12 月 9 日　星期日
上午

七時四十五分，巡視魚池鄉，訪問農民。

十一時四十五分，巡視大甲鎮中油公司鐵砧山礦場並聽
取簡報，勉勵員工更加努力，開發能源。

12月10日　星期一
上午

八時三十分，接見尼加拉瓜前總統財經顧問杜克維茲。

九時四十分，接見約旦前國防部部長漢亞瑞中將等
八人。

12月11日至12日　星期二至三
【無記載】

12月13日　星期四
上午

九時，主持行政院院會，提示：

一、政府決定興建臺中港，目的在增加港口吞吐能量，
　　並加速臺灣中部地區之開發，茲就有關事項提出意
　　見如次：

（一）臺中港附近各市鎮都市發展計劃，臺灣省政府
　　　宜早作籌劃。

（二）啣接臺中港之鐵路、公路，應儘速興建完成。

（三）臺中港一、二、三期工程施工，務須注意其一
　　　貫性。

（四）港區倉庫等附屬設施，可吸收民間投資。

二、臺中港、蘇澳港、北迴鐵路及鐵路電氣化四項交通
　　建設工程，應由臺灣省政府督導，如期完工。

三、各項倉庫不敷實際需要，且多失修，應即統籌整建。

四、各縣產業道路網，希望臺灣省政府協助各縣，儘速
　　完成。

下午

五時，接見馬拉威財政、工商暨觀光部部長馬廷傑等。

五時三十分，以茶點款待農業發展研討會外籍代表艾德
曼博士等十九人。

12 月 14 日　星期五

上午

八時，以早餐款待美國學者斯卡拉比諾教授。

下午

六時二十分，參加美軍顧問團歡迎新任團長奈許將軍
酒會。

12 月 15 日　星期六

上午

十一時三十分，接見旅美學人薛光前教授。

12 月 16 日　星期日

上午

九時，接見聯合報、經濟日報發行人王惕吾暨兩報總編
輯、總主筆、主編、主筆等。

12月17日　星期一

上午

九時起，分別接見國立政治大學教授徐育珠、張震復、中央研究院研究員于宗光及韓國新民黨總裁柳珍山等。

12月18日　星期二

上午

九時，參加高普考及格人員頒發證書典禮，並對各科榜首致賀。

十時三十分，接見國立臺灣大學陳昭南教授。

下午

五時，接見六十二年好人好事代表，勉勵繼續擴大對社會大眾的影響。

12月19日　星期三

上午

八時三十分，接見越南西貢市市長杜建饒暨議長劉永旅等。

九時，出席中常會。

下午

四時三十分，接見中央日報董事長曹聖芬、社長楚崧秋暨總編輯、總主筆、主編、主筆等。

六時二十分，參加哥斯達黎加議長酒會。

12 月 20 日　星期四

上午

八時十分，弔祭郭雨新之母吳太夫人之喪。

八時三十分，參加十普寺蔣介卿先生百歲冥誕誦經。

九時，主持行政院院會，提示：

一、臺灣鐵路西部幹線電化計劃，原則上應予進行，但
　　涉及的問題，必須有妥善的解決方案。

二、行政院核定的能源節約措施，並未包括學校在內，
　　學校不可為求節省電力，而影響學生的健康。

12 月 21 日　星期五

上午

八時三十分起，分別接見薩爾瓦多中央情報局局長賈剛
及韓國嶺南大學校長李瑄根。

九時，主持財經會談。

下午

二時十七分，陪侍總統夫人參加振興復健中心兒童耶誕
遊樂會。

四時三十分，接見陸軍總司令于豪章暨該總部副總司
令、參謀長、政戰主任等。

五時三十分，接見海軍總司令宋長志暨該總部副總司
令、參謀長、政戰主任等。

12月22日　星期六

上午

八時，接見中國時報發行人余紀忠及該報總編輯、總主筆、主編、主筆等。

十時三十分，陪侍總統由榮民總醫院返士林官邸。

12月23日　星期日

【無記載】

12月24日　星期一

上午

八時，接見立法委員谷正鼎、楊宗培、張希文。

八時三十分，接見空軍總司令陳衣凡及該總部副總司令、參謀長、政戰主任等。

九時三十分，接見哥斯達黎加立法會議議長孟赫。

十時，接見聯勤總司令鄭為元及該總部副總司令、參謀長、政戰主任等。

十一時，接見警備總司令尹俊及該總部副總司令、參謀長、政戰主任等。

12月25日　星期二

上午

九時，參加國民大會年會並致詞，強調致力維護憲政法統，反共國策決不改變，國民革命途程已至衝刺時刻。

十一時起，分別接見臺北市議員選舉工作特優人員及國立臺灣大學副教授鄭心雄、留泰返國軍官王賢志、留美

返國軍官鄭昌敬、楊昭義。

國民代表大會六十二年度年會書面致詞

主席、各位代表先生：

今天是我們中華民國行憲的二十六週年紀念日，經國承邀參加貴會這一盛會，內心至感興奮；同時，在此國家多難之際，大陸國土尚未光復，億萬同胞仍在共匪暴政統治之下，心中也覺得十分沉重，因之更深深的體認，唯有我們風雨同舟、齊心一志、團結奮鬥、共同努力，方能衝破險阻，完成反共復國的神聖任務，把我們的憲政光輝，照耀在整個大陸，才不失慶祝行憲紀念的真正意義！

民國三十六年十二月二十五日，憲法正式施行，我國民主憲政的努力邁進了新的階段，使國父畢生不屈不撓的奮鬥、革命先烈流血流汗的犧牲所致力的目標，終於在總統堅苦卓絕的領導下，開出了自由的花朵，結成了民主憲政的果實，也塑成了我們民主自由的堂正法統，奠定了我們堅固不拔的建國根基，引導著國家步入一個民有、民治、民享的嶄新境界。這是我國政治發展史上一項劃時代的突破，值得我們追懷惕勵，永矢不忘。

國父一生致力國民革命，目的是在求中國的自由平等。民國十四年國父逝世，猶在遺囑中交付國人兩件大事：一件是召開國民會議，達成還政於民的理想；一件是廢除不平等條約，恢復國家獨立自主的地位！

總統繼承國父遺志，在領導北伐誓師時就曾昭告國

人，要決心為貫徹國父這兩大主張而奮鬥！從北伐以至抗戰，經過了無數的艱辛困苦，全國軍民的浴血奮戰，終在對日戰爭已露勝利曙光的前夕，撤廢了在滿清末年所有列強加諸在我們身上的不平等條約，解除了自一八四二年中英鴉片戰爭簽訂南京條約以來，束縛我們整整一百年、迫使我們淪為「次殖民地」的羞辱枷鎖，完成了國父遺囑所交付的第一件大事！

抗戰勝利之後，雖然共匪叛亂，多方破壞，我們仍然隨即召開制憲國大，並於民國三十六年頒行憲法，三十七年三月二十九日召開第一屆國民大會，依據憲法、選舉總統，成立中央行憲政府，又賡續完成了國父遺囑交付的第二件大事！

歷史必將記載：我們頒行憲法，召開國大，是保持傳統、保存正統、建立法統，對中國歷史所作的一次極大貢獻！

我們的憲法，是凝聚了全民意志，反映了全民心願，保障了全民權益，開拓了全民福祉的建國寶典，因而，我們可以堂正的昭告全球：唯有在憲政體制下依法成立的中華民國政府，才是中國人民的真正代表，才是中華民國的唯一合法政府！

我們的國民大會代表，是經由全國各縣市、各民族、各團體依法普選產生的民意代表，真正是集合了全國精英，接受了全民付託，受到全國人民的尊敬與信賴！去年政府又依據憲法臨時條款授權，辦理國大代表增補選後，已使我們的國民大會更趨健全，更具代表性，必將更能匯合海內海外的全民公意，行使中央

政權！

今天經國仍須強調：我們尊崇憲法，厲行法治，不僅是因為憲政佈行得來不易，也是由於我們的憲法，是國父三民主義思想的具體實踐，是我們中華文化道統的光大發皇！

憲法前言中明白指出，我們的憲法，是依據國父創立中華民國的遺教所制訂；憲法條文中明白揭示，中華民國是基於三民主義，為民有、民治、民享的民主共和國。三民主義的精神，貫注了憲法的整體，使制度與理想合而為一。

我們憲法所規劃的國體和政體，是一個獨立自主的國家，是一個自由平等的社會，是一個本諸人性、理性以謀安和樂利的文化體。這一強固健全的結構，不僅融會了中華文化博愛行仁的一貫道統，也是今天我們對抗毛共極權暴政的主要武器！

唯其如此，多年來，我們一直是以憲法作為建國的規範和反共的大纛，不管世局風暴如何險惡，國家處境如何困難，我們推行憲政、維護法統的決心和行動，從未動搖，從未懈怠！事實上，這些年來，我們在復興基地推動的民主憲政，已經使臺澎金馬成為富足、安和、堅強、壯大的中興堡壘，這一成就，正就是我們反攻大陸的主要憑藉和重建國家的張本與藍圖！

各位代表先生：這一年轉眼又將過去，我們試一回顧近一年來的世界局勢，深深覺得，儘管國際間由於瀰漫著姑息與妥協的氣氛，使得世局是非不明，陷於一片混沌，但從大處著眼，自由世界與共產集團兩極對壘的

態勢，基本上並未改變；自由對奴役、民主對極權的鬥爭，也無法緩和，無法並存。

為人類自由與世界和平著想，今天我們必須再次指出，共產集團永久不變的目標，是在赤化世界，奴役人類。在共黨集團偽裝和善的外貌背後，都正隱藏著鋒利狠毒的穿心利刃！面對這一形勢，人類消弭赤禍的唯一途徑，端賴民主國家的及時覺醒，在觀念上摒除與虎謀皮的想法，在行動上重建團結反共的防線！

我們始終認為，民主自由的政治制度與生活方式，是世界人類的共同渴求。人性尊嚴與人權自由，絕非共黨暴力所能壓制，所能湮沒。反共鬥爭必將是這一世紀最後三十年的思潮中心，也將是這一時代人類的行動指標！因此，我們一貫堅持的反共國策與必勝信心，決不動搖，決不改變！我們伸張公理正義，維護世界和平的職志與行動，也決不鬆懈，決不停息！我們將始終為衛護民主自由、為從事反共鬥爭，挺立中流，英勇奮戰！

各位代表先生：記得去年今天，經國在貴會年會也曾指出：在國際姑息逆流的衝擊下，我們預料還將遭遇到更多風險，但是，只要我們舉國上下，不憂不懼，發奮圖強，就一定可以突破艱困，開創新局！

本諸這一理念，近一年來我們推動國家建設，就在掌握基本國策，權衡內外形勢，以「人憂我不憂，人驚我不驚，人亂我不亂」的革命精神，與「自立更生，突破圍困，穩紮穩打，死裡求生」的穩健作為，埋頭苦幹，踏實前進。在外交、國防、經濟、教育、社會各方面，以厚植建設基礎，強固主觀力量為目標，進而謀求

改變客觀形勢，開闢復國建國坦途！

我們的基本外交方針，是貫徹反共國策，恪守國際義務，本道德勇氣，持正義標竿，不卑不亢，沉著肆應，在逆境中開展對外關係。

我們推展外交的一切作為，是出之以堂正的立場、真誠的態度、友善的意念，和主動的、開創的作為，一面經由政治、經濟、貿易、文化、科學、技術的交流，與反共家增進雙邊或多邊的實質關係；一面以堅定的意志，果決的行動，在國際社會中與毛共展開正面戰鬥。

誠然外在形勢的全面改觀，姑息逆流的徹底廓清，並非一朝一夕可竟全功，但事實證明，今天我們粉碎了共匪妄想孤立我們的陰謀。而且我們確信：「德不孤，必有鄰」，我們伸張公理的衛道行動，和堅定不移的反共志節，不久將來必能導引世局激濁揚清，回向崇尚公義的正途，重現光明！

我們一向認為，國防的強固，是國家安全的磐石、創機反攻的先務，因此，這一年來，我們繼續確切掌握建軍與備戰雙軌並行的基本原則，謀求國防軍事力量的強大壯盛。

我們增進三軍戰力的根本要圖，是以促進國軍現代化為努力目標。依循這一方向，我們正從健全國防組織、提高官兵素質、發展國防科學、改進裝備和訓練諸方面，來建立一支精壯強大的革命勁旅。

我們強固國防的各項作為，是以「超越敵人」與「戰勝敵人」為主要著眼。我們認為，匪黨內部的動盪

不安，匪軍與匪黨的尖銳對立，以及共產集團之間的嚴重分裂和國際間錯綜複雜形勢的演變，隨時都有使匪鋌而走險的可能。不惜孤注一擲，來對我進行軍事挑釁。因而，我們國防軍事的部署，一面是本著攻守兼顧的原則，強化基地防務，掌握海空優勢，準備迎接任何挑戰；一面也已針對匪情變化，制定行動方案，隨時待機對匪展開致命一擊！

我們確信，國軍強大的戰力，周全的部署，必能承擔確保基地安全與待命反攻大陸的雙重任務。

值得我們重視的是近一年來國際經濟的情勢，多方面呈現激烈震盪，其中如物價的波動、能源的短缺，乃至金融市場的混亂等等，對我們國內經濟在在都有嚴重的影響。面對這一嚴屬的考驗，政府採取的各項對策，是以安定民生與維持經濟繼續成長為首要目標。

我們曾權衡實際需要，拿出最大決心，採取各種措施，力謀充裕物資，穩定物價，節約能源，照顧民生，希望能在安定中求發展，由此保持經濟成長的潛力。

基於多年以來我們推動經建計劃所獲的經驗與教訓，政府也已適時調整了經濟發展方向，格外著重於貧富差距的縮短、與經濟結構的改善。我們一則希望均衡農工發展，謀致全面繁榮；再則希望調和社會大眾的經濟利益，以貫徹民生主義「均和安富」的崇高理想。

經國深深認為，政府的基本職能，是在為全體國民增進福祉，因而，政府的施政作為，必須著眼於如何能為勞工、農民、青年、乃至每一位國民，提供更佳的服務。

　　基於這一認識，近一年來，我們一面加強社會建設，以謀增進社會福利，促進國民就業，改善勞工生活，加速農村建設與社區發展；一面調整文教與科學的發展方向，使其更能有效發揮提高國民知能，造就堂正國民與加速國家建設的多重使命！

　　此外，我們為刷新政風、提高效能而推動的行政革新，目前正在由點至面，由上至下，更深入、更普遍的力求貫徹，我們希望，經由這一行動，能使我們的政府，成為一個有朝氣、有作為、有效率的廉能政府！

　　各位代表先生：政府一年來的各項施政，雖然我們有目標，有理想，也有方法；各級行政機構，在認識和行動上，也都逐漸重視整體觀念，發揮團隊精神，而更能腳踏實地的把力量用於為民服務、為民造福。但是，我們決不諱言，檢討一年來的施政得失，我們推動各項政務，仍然有很多地方，沒有做到「便民」、「利民」的要求，也就是與我們的目標和理想還有一段距離，方法上也有不夠週妥之處。例如：

　　我們平抑物價的行動，雖然收到相當效果，使得國內消費物價仍能保持較低的水平，但是，部分物資由於受到國際來源的短少和社會心理的影響，也曾發生供求脫節的現象。就像建築材料中的鋼筋，至今供求仍不穩定；又如取消肥料換穀制度以後，使肥料可以自由買賣，目的原在便利農民，降低生產成本，乃竟引起肥料的供銷一度失調；若干民生必需品，也曾隨風波動；以及交通事故的連續發生，造成人民生命財產的許多損失等等。這些問題的形成，雖然有很多因素，但是，政府

必須承擔計劃不周、疏導和監督無方的主要責任！

最近這半年來，國內資本市場的未趨正常發展，導致證券和房地產的投機熱潮，反映出我們在疏導游資、穩定金融方面所作的努力，沒有達到預期要求，而這一問題，不僅關係社會群眾的切身利害，且將影響今後國內經濟的穩定，如何求其標本兼治，將是政府必須面對的亟切課題。

再如農業發展的進度仍嫌緩慢，交通運輸多年來發生的許多瓶頸，地方建設偏重於西線忽略了東部地區的開發，乃至於中小學教科書不能在開學之前印好分發等等，諸如此類的問題，有的是出之於設計的欠週，方向的偏差；有的是發生在督導無方，執行不力。不管怎樣，政府都必須以負責的態度，積極的作為，坦誠檢討，力謀改善！唯有這樣，才能不負國人對政府的期望與付託！

鑑於以上的各種事實，再加全球性的經濟風暴短期內難望好轉，而經濟問題，對我們國計民生以至國家安全、社會安定都有無可比擬的重大影響，因此，政府決定以「面對現實」，「迎接挑戰」的負責態度，衡度內外情勢，對經濟建設的發展方向、政策路線、計劃作為，乃至財經金融各項措施，正在通盤進行深入、廣泛而切實的檢討，務期找出問題癥結，求得解決辦法，使我們的經濟建設，能循「正確、穩定、平實」的方向，繼續謀求繁榮開展！

同時，政府也已下定決心，以五年為限，列入管制，克服困難，加速完成南北高速公路、桃園國際機

場、臺中港、蘇澳港、北迴鐵路、鐵路電氣化、大鋼廠、大造船廠和石油化學等九項建設，來強固我們的經建基礎，穩健我們的經濟發展，為增進全民財富與厚積國力開闢坦途！

各位代表先生：我們致力推行憲政，積極三民主義的建設，雖受主客觀條件的限制，仍然有許多地方需待我們大力開展，但是，多年來由於政府與民眾辛勤耕耘的結果，已在復興基地奠定了復國建國的基礎，塑造了一個自由的、開放的、祥和的社會模型，為未來重光大陸時繪就了一幅新中國的藍圖，這是我們不能或忘的一個歷史任務，也是一個莊嚴的任務。因為我們身在臺灣，心懷大陸，就在臺灣海峽的對岸，七億同胞正受共匪的荼毒折磨，被迫去作牛馬一般的奴役！他們和我們流著同樣的血液，但卻過著天壤不同的生活，而正期待我們早日解救他們的倒懸之苦。我們肩頭擱著如此沉重的責任，實在不容我們安於現狀，自得自滿！因此，我們確認過去的努力，只是今後再努力的基礎，過去的成就，只是今後再進步的動力！唯有日新又新，更求精進，才能在逆流衝擊下，砥柱中流，開創新局。

各位代表先生：在我們朝氣蓬勃，充滿生機的對照下，共匪益見日暮途窮！匪黨「十大」的召開，沒有能解決匪黨、匪軍的分裂，更沒有能平息從匪偽高層頭目之間的權力鬥爭以至基層幹部之間的派系紛歧，反而徒然暴露了毛共內部一團爛局，甚至連周匪在所謂「政治報告」中也不得不供認今後內部的鬥爭將層出不窮。

同時，匪偽早已叫鬧要召開「人大」，修改偽憲，

但是，直到今天，毛共這一裝點門面的「民主」醜劇，仍然是悶聲不響，無法開鑼。由此更可說明，毛共內部的內訌內鬥，已空前嚴重，連一個「跳加官」的馬戲班底也拼湊不成！處在這樣一個艱窘的局面之下，毛共為掩飾其內在的危機，竟一面妄想污蔑孔子，來混淆人性與獸性的界線，堵塞真理與智慧的泉源；一面妄圖在國際社會中加強統戰活動，來孤立我們，打擊我們。可是，孔子以仁愛為中心的思想，博大精深，早已是深植每一中國人的心底，決非共匪的邪說謬論所能搖撼；而我們自身力量的強大，根基的穩固，更非毛共陰謀所能動搖！

經國在此亟願再次強調，中華民國政府是中國唯一合法政府，我們跟毛共叛亂集團之間，沒有談判的餘地，沒有妥協的可能！我們將憑恃海內外同胞團結一致所形成的壯大力量，消滅毛共，完成復國！

從整個世局的趨向觀察，從敵虛我實的情勢衡量，我們確信，形勢必將逐漸移向對我有利的方向進展。我們國民革命的途程，即將進入長途賽跑的最後一百公尺，因此，今天已是到了拿出全部精力，加速衝刺的時刻。我們唯望全國同胞，以風雨同舟的精神，緊密的團結起來，在總統英明領導之下，刻苦奮鬥，埋頭建設；也唯有如此，才能衝破漫天風雨，邁向成功里程！

各位代表先生受全民付託，督策政府推動憲政建設，厚積反攻國力，今後尤其盼望給予坦誠的指教，大力的支持。在此年終歲暮，經國掬誠祝福各位代表先生新年如意！身體健康！

謝謝各位。

12 月 26 日　星期三

上午

九時，巡視臺南縣後壁鄉中國石油公司油礦探勘處一號油井，垂詢探勘情形。

九時四十分，巡視臺南縣政府，勉勵縣政府員工努力為民眾服務。

十時二十分，巡視烏山頭水庫並聽取臺灣省水利管理局簡報。

十一時五十分，巡視白河水庫及白河榮民之家。

下午

一時十分，巡視白河鎮公所。

二時三十分，參觀吳鳳廟及吳鳳捨義處，並建議嘉義縣陳縣長於吳鳳廟多植花草，最好把吳鳳成仁取義的史蹟闢室展覽。

二時五十分，巡視中埔鄉柳橙集貨場並在水上鄉參觀人工搬屋。

四時，巡視雲林縣政府並接見各單位主管，勉勵大家加強行政工作，多多為民眾服務。

12 月 27 日　星期四

上午

九時，主持行政院院會，提示：

一、高雄造船廠之籌備工作已告一段落，希望克服一切
　　困難，照所擬進度實施，如期完工，積極生產。

二、九項重要建設工程同時進行，技術人員的需求，至
　　為殷切，政府必須作全盤性的規劃，擬訂具體有效
　　方案，以達到適才適所、人盡其才之目的。

三、六十二年即將終了，一年來政府施政績效，各方面
　　均有長足進展，特表深切謝意。新年期間，希勿互
　　相拜年。

院會後，聽取釀酸錏肥料問題簡報。

下午

三時起，分批接見新生報、中華日報及青年戰士報發
行人、社長、總編輯、總主筆李向虹、錢震、唐樹祥
等人。

12 月 28 日　星期五

上午

八時三十分起，分批接見英文中國日報發行人、社長及
英文中國郵報董事長、發行人、總編輯、總主筆羅學濂
及黃遹霈、余夢燕等人。

十時三十分起，分批接見自立晚報、大華晚報、民族晚
報董事長、發行人、社長、總編輯、總主筆李雅樵、耿
修業、王永濤等人。

下午

五時，接見美軍顧問團團長奈許少將。

五時三十分，以茶點接待中華民國國劇團、棒球代表

隊、籃球代表隊及亞東女子籃球隊全體隊（團）職員，
讚揚渠等勇毅強壯、朝氣蓬勃，充分表現中華民國精
神，並對其貢獻表示慰勉與謝意。

12 月 29 日　星期六

上午

九時四十五分，參加國軍將級人員晉升茶會。

十時三十分，主持財經會談，並聽取臺灣省菸酒公賣局
簡報。

12 月 30 日　星期日

【無記載】

12 月 31 日　星期一

上午

八時，約行政院院會出列席人員，在小欣欣餐廳共進
早餐。

八時四十五分，主持行政院慶生會暨年終抽獎。

十時，接見美國駐華大使馬康衛。

十一時，主持國防會談。

下午

四時，接見美國紐約時報主筆竇奠安。

五時，主持情治首長座談。

六時，參加外國留華學生聯誼會。

民國日記 59
蔣經國大事日記（1973）
Daily Records of Chiang Ching-kuo, 1973

主　　編　民國歷史文化學社編輯部
總 編 輯　陳新林、呂芳上
執行編輯　林弘毅
美術編輯　溫心忻
封面設計　溫心忻
文字編輯　詹鈞誌

出　　版　開源書局出版有限公司
　　　　　香港金鐘夏慤道 18 號海富中心
　　　　　1 座 26 樓 06 室
　　　　　TEL：+852-35860995

　　　　　民國歷史文化學社 有限公司
　　　　　10646 台北市大安區羅斯福路三段
　　　　　　　37 號 7 樓之 1
　　　　　TEL：+886-2-2369-6912
　　　　　FAX：+886-2-2369-6990

初版一刷　2021 年 4 月 20 日
定　　價　新台幣 350 元
　　　　　港　幣　90 元
　　　　　美　元　13 元
I S B N　978-986-5578-12-1

http://www.rchcs.com.tw

國家圖書館出版品預行編目 (CIP) 資料
蔣經國大事日記 (1973) = Daily records of Chiang
Ching-kuo,1973/ 民國歷史文化學社編輯部主
編 . -- 初版 . -- 臺北市 : 民國歷史文化學社有限公
司 , 2021.04

　　面；　公分 . -- (民國日記；59)

ISBN 978-986-5578-12-1 (平裝)

1. 蔣經國　2. 臺灣傳記

005.33　　　　　　　　　　　110004375